Waldemar Erdmann

# Einstellungstest Polizei Hessen

## Eignungstest im Auswahlverfahren bestehen

Ablauf, Erfahrungsbericht, Sporttest, Allgemeinwissen, Konzentration, Deutsch, Logik

**Herausgeber:**
Plakos GmbH
Vertretungsberechtigter Geschäftsführer: Waldemar Erdmann
Sitz: Willy-Brandt-Allee 31 B, D-23554 Lübeck

**Website und Kontakt:**
www.plakos-akademie.de
E-Mail: support@plakos.de

Facebook: plakosDE
YouTube: Plakos Akademie
Instagram: plakos_akademie
TikTok: plakos_akademie

**Bildnachweis Cover:**
© CPN, # 84557220, stock.adobe.com

Sonstige Abbildungen im Buch wurden von Plakos erstellt.

ISBN: **978-3-948144-73-9**

# Einstellungstest der Polizei Hessen erfolgreich bestehen?

Die Plakos GmbH hat bereits tausende Bewerber mit Büchern, Online-Kursen, Apps und Seminaren auf Einstellungstests und Assessment Center vorbereitet. Die angesehenen Online-Tests von Plakos wurden millionenfach absolviert. Dieses Buch dient zur Vorbereitung auf den Einstellungstest der Polizei Hessen.

## Dein Feedback ist uns wichtig!

Sollten dir Fehler in diesem Buch auffallen oder solltest du unzufrieden mit den Inhalten oder einem unserer Produkte sein, so schreibe uns gerne eine E-Mail an support@plakos.de. Wir antworten schnellstmöglich! Antworten auf häufig gestellte Fragen findest du auch auf der Webseite plakos-akademie/kundenservice/.

**Hinweis**: Aus Gründen der Lesefreundlichkeit haben wir weitgehend auf Gendering verzichtet. Die gewählte Personenform gilt wertfrei für beide Geschlechter.

1. Auflage
Waldemar Erdmann

# Danksagung

Unser Dank gilt vor allem den Bewerbern, die mit ihren zahlreichen Zu-
schriften, Erfahrungsberichten und Verbesserungsvorschlägen dieses
Buch erst möglich gemacht haben. Vielen Dank für eure Kommentare und
Nachrichten auf YouTube, Facebook und anderen Kanälen!

Außerdem bedanken wir uns bei allen internen und externen Mitarbeitern, welche einen wesentlichen Anteil an dem Buch hatten, dazu gehören insbesondere Marja Schiffer, Annika Miersen und Stephan Guerra
Soleto.

# Inhalt

# Inhalt

# Inhalt

## Über den Autor

**Waldemar Erdmann** ist Geschäftsführer der Plakos GmbH, die seit über einem Jahrzehnt erfolgreich Webseiten für Karriereberatung und Online-Tests betreibt. Er machte seinen Abschluss an der FH Würzburg zum Thema Skills Management Software und hat zahlreiche Bücher und Artikel zum Thema Eignungstests und Auswahlverfahren verfasst. Außerdem entwickelt Waldemar Apps und Online-Tests, die Bewerber auf verschiedenste Auswahlverfahren vorbereiten. Er lebt mit seiner Familie in der schönen Hansestadt Lübeck.

# Testvorbereitung

Generell unterscheiden sich Einstellungstests dahingehend, für welches spätere Einsatzgebiet du dich bewirbst. Die Länge und die Aufgaben lassen sich nicht grundsätzlich verallgemeinern. Trotzdem gibt es oft gewisse Ähnlichkeiten im Ablauf. In der Regel überprüfen Unternehmen die Eignung ihrer Kandidaten in Gruppen. Es kann also sein, dass du schon beim Auswahlverfahren auf spätere Kollegen triffst. Die Gruppen werden typischerweise von mehreren Personen geleitet. Hierbei handelt es sich oft um spätere Vorgesetzte und Personalentscheider. In manchen Einsatzgebieten nehmen zudem Psychologen teil.

Nachdem du dich vorgestellt hast, werden die schriftlichen Tests ausgeteilt oder die PC-Arbeitsplätze zugewiesen. Im Grunde genommen lässt sich der Test oft wie eine Abschlussprüfung in der Schule betrachten. So werden Inhalte aus verschiedenen Schulfächern wie Mathe oder Deutsch sowie Allgemeinbildung (Geschichte, Politik, Erdkunde etc.) überprüft. Dazu kommt mitunter ein spezieller Prüfungsbereich, der sich nach dem Einsatzgebiet richtet.

Neben schriftlichen Aufgabenstellungen und Tests am PC beinhaltet beinahe jedes Auswahlverfahren eine oder mehrere Gruppenübungen wie Rollenspiele, Case Studies, Postkorbübungen, Planspiele und Präsentationen. Häufig müssen sich Bewerber bereits zu Beginn der Gruppe persönlich vorstellen, wobei einem für diese Präsentation nicht mehr als zehn Minuten zur Verfügung stehen. Näheres über die Vorbereitung auf das Assessment Center findest du in unseren Online-Paketen.

Um den Einstellungstest erfolgreich zu bestehen, solltest du einige Dinge beachten. Wichtig ist beispielsweise das persönliche Auftreten. Es handelt sich beim Einstellungstest, im Gegensatz zu einer Abschlussprüfung, nicht um einen reinen Wissenstest. Um einen guten Eindruck zu hinterlassen, empfiehlt sich daher ein gepflegtes Äußeres. Zudem solltest du dich bei der Vorstellung freundlich und höflich zeigen.

Darüber hinaus unterscheidet sich ein Eignungstest von einer Abschlussprüfung auch in Hinblick auf das Zeitmanagement. Eine Prüfung ist zeitlich darauf ausgelegt, dass alle Fragen beantwortet werden können. Bei einem Eignungstest ist dies nicht notwendigerweise der Fall. Oft ist die Zeit absichtlich zu knapp bemessen. Auf diese Weise sollen das Zeitmanagement, die Stressresistenz und die Frustrationstoleranz überprüft werden. Nicht ohne Grund beobachten in der Regel gleich mehrere Verantwortliche der Behörde den Test. Du solltest dich daher nicht zu lange mit einer Frage oder sogar einem ganzen Prüfungsbereich aufhalten. Hast du die Antwort nicht sofort parat, lohnt es sich, die Aufgabe zu überspringen und mit anderen Aufgaben weiterzumachen.

## Optimale Vorbereitung auf den Einstellungstest

Wie bei einer Schul- oder Abschlussprüfung kannst du dich durchaus auf einen Einstellungstest vorbereiten. Zunächst einmal hilft dir eine breite Allgemeinbildung weiter. Überprüft werden darüber hinaus mathematisches und logisches Denken, Sprachgefühl, Ausdrucksfähigkeit und Konzentration. Je nach Einsatzgebiet kommt zudem ein spezieller Prüfungsbereich dazu.

Neben den Aufgaben aus dem eigentlichen Einstellungstest sind die sogenannten Soft Skills ebenfalls nicht zu vernachlässigen. Diese spielen bei der Eignung für einen Beruf eine zunehmend wichtige Rolle. Kommunikation, Auftreten und die Körpersprache solltest du daher ebenfalls nicht vernachlässigen.

All diese Themen lassen sich üben und erlernen. In diesem Buch findest du zahlreiche Übungen, mit denen du dich ganz konkret auf den Einstellungstest der hessischen Polizei vorbereiten kannst. Wichtig ist hierbei, dass du alle relevanten Aufgaben sorgfältig durcharbeitest. Für eine verbesserte kritische Selbstreflexion der Ergebnisse haben wir Lösungsansätze für die schwierigsten Aufgaben beigefügt. Die Aufgaben in diesem Buch sind in fünf Segmente unterteilt: Allgemeinwissen, Logik, Konzentration, Sprache und Fachwissen.

## Der Polizei-Einstellungstest in Hessen

Es gibt sicherlich viele Gründe, den Polizeiberuf zu ergreifen. Schon als Kind ist bei vielen der Wunsch, Polizist zu werden, sehr groß, doch nicht jeder schlägt später diese Laufbahn auch ein. Der Beruf Polizist ist ohne Frage ein ehrenwerter und hoch angesehener Beruf, er ist allerdings auch mit vielen Gefahren verbunden. Die Polizei wird immer dann gerufen, wenn es darum geht, beispielsweise Streitereien zu schlichten, schwierige Sachverhalte zu klären oder Personen bei Demonstrationen zu schützen.

Die Polizei ist Sache der Länder. Dadurch hat jedes Bundesland seine eigenen Einstellungsvoraussetzungen. In diesem Buch erfährst du Voraussetzungen und Bewerbungsverfahren für die Polizei Hessen.

## Einstellungsvoraussetzungen

Die Polizei Hessen stellt nur im gehobenen Dienst ein. Die Studiengänge der Kriminal- und Schutzpolizei sind getrennt. Die Voraussetzungen sind:

- charakterliche Eignung
- Mindestgröße: 1,60 m
- nicht im Konflikt mit dem Gesetz stehen und für die freiheitlich-demokratische Grundordnung einstehen
- geordnete wirtschaftliche Verhältnisse
- keine Tätowierungen oder Piercings im Gesicht, am Hals und an den Händen
- Führerschein Klasse B (spätestens zum Ende der Ausbildung)
- Abitur, Fachhochschulreife oder ein entsprechender Bildungsabschluss; Meisterprüfung. Mit einem mittleren Schulabschluss kannst du dich auch bewerben, musst deine Fachhochschulreife aber bei der Polizei nachholen.
- Höchstalter bei Einstellung: 32 Jahre (Ausnahmen sind möglich, zum Beispiel bei Zeitsoldaten)
- Die deutsche Staatsangehörigkeit ist keine zwingende Voraussetzung. Für EU-Bürger gelten die gleichen Voraussetzungen wie für Deutsche.
- Von EU-Bürgern ohne festen Wohnsitz in Deutschland ist die Vorlage eines aktuellen polizeilichen Führungszeugnisses oder vergleichbaren Dokuments ihres Heimatlands erforderlich.
- Bewerber aus Nicht-EU-Länder müssen darüber hinaus im Besitz einer gültigen Niederlassungserlaubnis sein, mindestens fünf Jahre in Deutschland gelebt haben und ihre Muttersprache in Wort beherrschen.

Wer zur Polizei möchte, darf nicht vorbestraft sein und es dürfen keine aktuellen Strafverfahren gegen einen laufen. Solltest du dir unsicher sein oder Fragen zu dieser Regelung haben, so kontaktiere deinen Einstellungsberater. Insbesondere Fragen zum Thema Vorstrafen kann man nur als Einzelfall betrachtet beantworten. Da kann dir nur der Einstellungsberater eine vernünftige Auskunft erteilen. Die zentrale Berufsinfo der Polizei Hessen und die Bewerbungsunterlagen als Download findest du unter karriere.polizei.hessen.de/jetzt-bewerben/. Bei Fragen kannst du dich auch an die Hotline des Eignungsauswahlzentrums der Polizeiakademie Hessen unter der Telefonnummer 0611/9460 8080 wenden.

### Wie sind die Einstellungschancen?
Wie bei jeder Polizei gibt es auch in Hessen übermäßig viele Bewerber auf sehr wenige Stellen. Bei der hessischen Polizei sind insgesamt jährlich zirka 550 Stellen zu besetzen, auf die es durchschnittlich 6.500 Bewerber gibt. Das heißt, über 90 % werden nicht eingestellt. Mit einem Anstieg der Bewerberzahlen ist erneut zu rechnen. Um deine Chancen zu steigern, ist es wichtig, dass du dich intensiv auf das Auswahlverfahren vorbereitest. Denn wenn du es nicht tust, macht es hundertprozentig ein anderer Bewerber.

### Wie sind die Bewerbungsfristen?
Die Polizei Hessen stellt zweimal jährlich ein, im Februar und September. Es wird separat für die Schutzpolizei und die Kriminalpolizei eingestellt. Es handelt sich um zwei unterschiedliche Studiengänge. Bewerbungen nimmt die hessische Polizei durchgehend an. Nach Bewerbungsschluss für einen Termin bewirbst du dich somit für den nächstmöglichen.

### Wo finden die Auswahltests statt?
Die Auswahltests finden an zwei Tagen bei der Polizeiakademie Hessen in Wiesbaden statt.

Hast du das Auswahlverfahren erfolgreich hinter dich gebracht, beginnt das dreijährige Studium an der Hessischen Hochschule für Polizei und Verwaltung im Fachbereich Polizei. Abteilungen gibt es in Wiesbaden, Mühlheim a. M., Gießen und Kassel. Später wirst du dann mit großer Wahrscheinlichkeit im Rhein-Main-Gebiet arbeiten, denn dort ist der Bedarf an Polizeinachwuchs besonders hoch.

## Der Computertest

Nachdem du deine Bewerbung abgeschickt hast, erhältst du einige Tage später die Einladung zum ersten Testtag. Das Auswahlverfahren ist für Kriminal- und Schutzpolizei identisch. Der Computertest dauert zirka zweieinhalb Stunden. Testinhalte sind:

- Intelligenz
- Konzentrationsleistung
- Rechtschreibleistung
- Persönlichkeitsaspekte

### Der Intelligenztest

Der Intelligenztest setzt sich aus den Bereichen **verbale Intelligenz**, **numerische Intelligenz** und **figural-räumliche Intelligenz** zusammen. Eine Beispielaufgabe ist das Würfeldrehen:

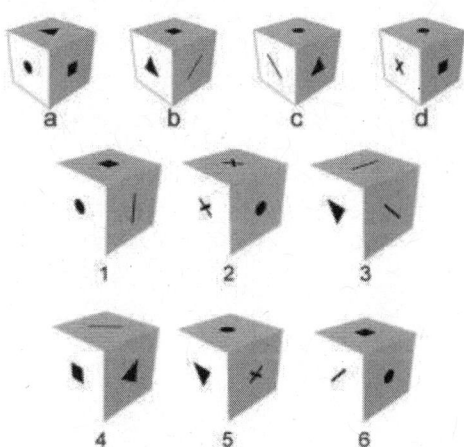

Es werden dir dabei vier unterschiedliche Würfel (a–d) vorgegeben. Du musst die Würfel 1–6 dann einem der Würfel a–d zuordnen. Dabei ist maximal eine neue Seite zu sehen. Die Würfel können beliebig gedreht und geneigt werden. Ziemlich schwierig, oder?

### Konzentrationstest

Beim Konzentrationstest werden dir nacheinander Symbole gezeigt. Diese werden zufällig ausgewählt. Je nach Aufgabe ist eine bestimme Art von Symbolen gefragt, beispielsweise Kreise und Quadrate mit zwei Punkten in der Mitte. Siehst du solch ein gefragtes Symbol, drückst du die „1", ansonsten die „0". Dabei hast du allerdings nur sehr wenig Zeit, du darfst also nicht zu früh oder zu spät drücken. Es ist eine Mischung aus Konzentrations- und Reaktionstest. Hier kannst du den Test üben: www.ctweber.de/reaction/

### Rechtschreibtest/Diktat
Der Einstellungstest beginnt mit einem Lückendiktat. Dieses entspricht dem Niveau der 9. oder 10. Klasse. Es wird ein Text vorgelesen, der dir mit einigen Lücken vorliegt. Du musst dann die Lücken mit den entsprechenden Wörtern füllen. Das Diktat solltest du unbedingt trainieren. Hier ein paar Beispiele für Fälle, die häufig problematisch sind:
- dass oder das
- Zusammen- und Getrenntschreibung
- Anglizismen und Gallizismen
- Namen und Straßennamen
- Groß- und Kleinschreibung
- Substantivierungen

Das Diktat klingt zunächst recht einfach, solltest du aber auf keinen Fall unterschätzen, denn sehr viele Bewerber scheitern bereits hier.

### Der Persönlichkeitsaspekte-Test
Wird der Persönlichkeitstest schriftlich durchgeführt, können dir die Fragen in verschiedenen Versionen begegnen. Allerdings gibt es vier sehr gängige Testtypen:
*Aussagen mit Punkteskala*: Bei diesem Testtyp wirst du mit verschiedenen Aussagen konfrontiert. Und zu jeder Aussage musst du auf einer Skala ankreuzen, inwieweit du der Aussage zustimmst. Im Einstellungstest sieht das dann beispielsweise so aus:

| Ich setze alles daran, meine Ziele zu erreichen. | 1 | 2 | 3 | 4 | 5 |
|---|---|---|---|---|---|
| Ich sehe positiv in die Zukunft. | 1 | 2 | 3 | 4 | 5 |
| Ohne Kompromissbereitschaft funktioniert Teamarbeit nicht. | 1 | 2 | 3 | 4 | 5 |

*Situationen mit Punkteskala*: Ein anderer beliebter Testtyp geht so: Dir wird eine Situation geschildert. Oft handelt es sich um eine Szene, die im Berufsalltag in dieser Form jederzeit vorkommen kann. Zu der Situation gibt es mehrere Aussagen. Deine Aufgabe besteht darin, die Abstufung der Aussage auszuwählen, die am ehesten trifft, wie du dich in dieser Situation verhalten würdest:

-3      -2      -1      0      +1      +2      +3

*Aussagen mit Einschätzung*: Statt mit Aussagen konfrontiert zu werden, zu denen du dich in verschiedenen Abstufungen äußern musst, kann es gut sein, dass du Aussagen bestätigen oder verneinen musst.
a) stimmt
b) stimmt zum Teil
c) stimmt nicht

*Offene Fragen*: Eine weitere Variante von Persönlichkeitstests kommt in Form von Fragen daher, die auf den ersten Blick harmlos wirken. Bei diesen Fragen wirst du nach Vorlieben, Hobbys oder anderen Dingen gefragt. Bei diesem Persönlichkeitstest werden zum Beispiel Eigenschaften ausgewertet wie:

- Pflichtbewusstsein und Zuverlässigkeit
- Durchsetzungsvermögen und Selbstsicherheit
- Teamgeist
- berufliche Einstellung
- Sozialverhalten
- Belastbarkeit
- mentale Stärke oder Charakter

Bei diesen Fragen gibt es selbstverständlich keine richtigen oder falschen, besseren oder schlechteren Antworten. Schließlich geht es um deine persönlichen Vorlieben und Sichtweisen. Allerdings solltest du überlegen, welchen Eindruck du durch deine Antworten von dir hinterlassen möchtest. Passt das Bild, das entsteht, zu einem angehenden Polizisten?

## Der Sporttest

Nach bestandener schriftlicher Prüfung geht es weiter zum Sporttest. Dort wirst du neben Kraft, Ausdauer und Schnelligkeit auch deine Koordination unter Beweis stellen müssen. Eine Übersicht der Polizei Hessen findest du hier: karriere.polizei.hessen.de/eignungsauswahlverfahren/ Der Sporttest besteht aus den folgenden vier Disziplinen:
- Achterlauf
- Bankdrücken
- Fünfer-Sprunglauf
- 500-Meter-Wendelauf

**Achterlauf**
In Form einer Acht läufst du an zwei Hindernissen vorbei, setzt dich bei jedem Durchlauf auf einen mittigen Kasten und durchkriechst ein querliegendes Kastenelement.

**Bankdrücken**
Du hebst eine Hantel aus der Rückenlage. Für Frauen ist die Hantel 20 kg schwer, für Männer 30 kg.
- Männer: mindestens 17-mal
- Frauen: mindestens 13-mal

**Fünfer-Sprunglauf**
Aus dem Stand springst du mit einem Bein so weit wie möglich nach vorne. Danach springst du insgesamt fünfmal abwechselnd mit rechts beziehungsweise links.

**500-Meter-Wendelauf**
Du läufst zwischen zwei Stangen hin und her, die 25 m voneinander entfernt sind, bis du insgesamt eine Distanz von 500 m zurückgelegt hast.

**Tipps für den Sporttest**

- ✓ Trainiere Intervallläufe – insbesondere für den Ausdauertest.
- ✓ „Ohne Mampf kein Kampf" – iss morgens genug Gesundes, damit du Energie für den Tag hast.
- ✓ Mach dich vorher gut warm. So beugst du Verletzungen vor.
- ✓ Durchbeißen! Wenn eine Übung mal nicht so klappt wie gehofft, Kopf nicht hängen lassen. Weiterkämpfen!

Weitere Informationen zum Sporttest der Polizei Hessen findest du unter eignungsauswahlverfahren.de/sporttest-polizei/bundeslaender/sporttest-polizei-hessen/.

**Wie geht es nach dem Sporttest weiter?**

Nach den schriftlichen Tests und dem Sporttest bist du für den Tag fertig. Jetzt heißt es: auf die Einladung zum zweiten Tag warten. Dann finden nur noch das strukturierte Einzelinterview und die ärztliche Untersuchung statt. Alles zum strukturierten Interview und der polizeiärztlichen Untersuchung findest du in den folgenden Unterkapiteln.

# Die Gruppenaufgabe

Den Abschluss des Auswahlverfahrens bilden die Gruppenaufgabe und das Einzelinterview. Sie dienen dazu, sich ein Bild von dir und deiner charakterlichen Eignung als Polizist zu verschaffen. Hier kannst du mit dem geringsten Aufwand am meisten Wertungspunkte herausholen. Bei der Gruppenaufgabe sitzt du mit vier bis sechs anderen Bewerbern vor der Prüfungskommission und musst ein Thema bearbeiten. Ihr werdet aus drei Themen eins auswählen und diskutieren müssen. Die Gruppenaufgabe dauert, abhängig von der Gruppengröße, insgesamt zirka eine halbe Stunde.

Hier wird genau drauf geschaut, wie du dich in ein Team einfügst, welche Rolle du übernimmst, ob du empathisch bist und Führungsqualifikationen hast. Versuche, dich aktiv einzubringen, deine eigenen Ideen mit den anderen zu teilen und diese konstruktiv zu diskutieren, um schlussendlich zu einem gemeinsamen Ergebnis zu kommen. Hab eine Uhr dabei, damit du die Zeit abschätzen kannst. Die Prüfer helfen dir nicht!

## Das Einzelinterview

Das Einzelinterview dient dazu, dich näher kennen zu lernen und deine charakterliche Eignung für den Polizeiberuf festzustellen. Im Wesentlichen wollen die Prüfer dabei folgende Kriterien von dir erfüllt sehen:

- sympathisches, selbstsicheres Auftreten
- gepflegtes Erscheinungsbild
- hohe Berufsmotivation
- realistisches Bild der Polizeiarbeit und des Schichtdienstes
- Fachwissen (sehr oberflächlich)
- Redegewandtheit
- Umgang mit Stresssituationen/Belastbarkeit
- soziale Kompetenz

Das Interview dauert meistens zirka 50 bis 60 Minuten. Die Dauer eines Interviews hat dabei nichts über die anschließende Bewertung zu sagen. Am Anfang musst du ein wenig über dich erzählen und deinen bisherigen Lebenslauf sowie Hobbys und Mitgliedschaften in Vereinen schildern. Dabei solltest du zirka fünf Minuten frei reden können.

Weitere beliebte Fragen sind beispielsweise: *Warum willst du zur Polizei? Wo siehst du dich in zehn Jahren? Wie stellst du dir deine Karriere vor?*

Auch Fragen zu polizeilichen Alltagssituationen kommen vor: *Sie stehen an der Ampel im Dienst und eine Mutter mit ihrem kleinen Kind steht neben Ihnen und sagt zu ihrem Kind: „Wenn du über Rot läufst, dann verhaftet dich der Polizist." Was würden Sie in diesem Fall tun?*

Oder: *Sie sind im Dienst und halten ihren Vorgesetzten an. Er sitzt hinterm Steuer und ist betrunken. Was tun Sie?*

Eine weitere mögliche Frage lautet: *Übernehmen Sie gerne Verantwortung oder teilen Sie diese lieber auf?*

Du solltest dich vorher unbedingt mit den Aufgaben und der Struktur der Polizei beschäftigt haben!

## Auftreten und Erscheinungsbild

Wie bei jedem Vorstellungsgespräch, solltest du dich auch hier von deiner besten Seite zeigen. Als Mann reicht es völlig aus, ein schickes Hemd mit einer guten Jeans oder Stoffhose anzuziehen. Ärmel nicht hochkrempeln! Ein Sakko ist auch in Ordnung. Ein ganzer Anzug ist unserer Meinung nach zu viel des Guten, wird aber in der Regel nicht negativ von der Kommission bewertet. Ein Bart ist völlig in Ordnung, solange er gepflegt ist. Eventuelle Piercings im Gesichtsbereich sollten vorher entfernt werden.

Für Frauen empfehlen wir eine schicke Bluse mit einer Stoffhose oder guten Jeans. Bitte nicht zu viel Dekolletee zeigen oder übermäßig viel Make-up benutzen, das wirkt unprofessionell. Frauen sollten außerdem auf auffälligen Schmuck verzichten. Das Motto kann man als „Business Casual" zusammenfassen.

## Berufsmotivation, Polizeiarbeit und Schichtdienst

Der Polizeiberuf ist wie kein anderer. Nie zu wissen, was einen erwartet, der Umgang mit Menschen aller sozialen Schichten und die unregelmäßigen Arbeitszeiten sind nur einige Punkte. Die Prüfer möchten sehen, dass du dir bewusst bist, was der Polizeiberuf mit sich bringt. Eine Beispielfrage könnte dabei lauten:

*Im Schichtdienst müssen Sie oft dann arbeiten, wenn Ihre Freunde und Familie frei haben. Das kann sich sehr belastend auf Ihr Sozialleben auswirken. Wie würden Sie damit umgehen?*

Da kannst du dir einmal überlegen, was du antworten würdest. Eine gute Antwort besticht dadurch, dass du den Prüfern zeigst, dass du dir dessen bewusst bist, aber dennoch glaubst, dass du, obwohl es nicht immer leicht sein wird, genug Zeit für Freunde und Familie finden wirst und davon ausgehst, dass sie dafür Verständnis haben werden, wenn es nicht jedes Wochenende funktioniert.

Darüber hinaus musst du wissen, was ein Polizist überhaupt macht, wie sein Alltag aussieht. Richtig, kein Tag ist wie der andere und man weiß nie, was einen erwartet. Trotzdem ist der Polizeiberuf nicht das, was im Fernsehen bei CSI oder Alarm für Cobra 11 gezeigt wird.

Als Streifenbeamter bist du immer der Erste vor Ort. Immer! Sei es bei der Bahnleiche, dem schweren Verkehrsunfall oder dem Sexualdelikt. Du wirst mit allem konfrontiert, was es da draußen so gibt. Dazu gehören auch „langweilige" Einsätze wie der Bagatell-Verkehrsunfall, der Falschparker oder die ältere Dame, die sich verlaufen hat.

Nach dem Einsatzgeschehen geht es in die Wache zum Berichten. Das Berichten nimmt einen Großteil der Polizeiarbeit ein. Nur mit guten Berichten können Täter auch vor Gericht gebracht und verurteilt werden. Je nach Schicht beträgt das Verhältnis Berichte schreiben/Einsätze fahren zirka 45/55.

**Bewerbung in anderen Bundesländern**
Ein gutes Anzeichen für deine Berufsmotivation ist, dass du dich nicht nur in Hessen, sondern in verschiedenen Bundesländern beworben hast. Das zeigt, dass du auf jeden Fall zur Polizei möchtest. Dir kann allerdings die Frage gestellt werden, welches Bundesland dein Favorit sei und was du tun würdest, wenn du in Hessen und in einem anderen Bundesland eine Zusage erhältst. Hier raten wir dir: Sei ehrlich! Die Prüfer merken sofort, wenn du sie anlügst und „Honig ums Maul schmierst". Wenn du aus NRW kommst und dich in NRW und Hessen beworben hast, ist es verständlich, dass du zunächst dein Heimatbundesland favorisierst.

Allerdings solltest du klarstellen, dass du dich in Hessen beworben hast, weil du dir sehr gut vorstellen könntest, dort zu arbeiten und dir Heimatnähe wichtig ist. Du hättest dich ja schließlich nicht ohne ernsthaftes Interesse beworben. Solltest du dich für kein anderes Bundesland beworben haben, ist das nicht schlimm. Erkläre den Prüfern einfach, wieso es Hessen sein muss. Ob es nun deine Heimat ist, oder dein Partner hier wohnt – begründe deine Entscheidung einfach vernünftig.

## Die polizeiärztliche Untersuchung

Die letzte Hürde im Einstellungstest ist die ärztliche Untersuchung – für viele der am meisten gefürchtete Schritt durch das Auswahlverfahren. Vermutlich ist die Furcht davor der Tatsache geschuldet, dass man völlig ohne eigenes Dazutun aus dem Auswahlverfahren ausscheiden kann.

In der zirka zwei bis drei Stunden dauernden Untersuchung soll festgestellt werden, ob du den hohen körperlichen und psychischen Anforderungen des Polizeivollzugsdienstes gerecht wirst und ob du das voraussichtlich auch viele Jahre bleiben wirst.

In den letzten Jahren ist seit der aktuellen Rechtsprechung des Bundesverwaltungsgerichts Bewegung im Thema Polizeidiensttauglichkeit. Demnach sind nur noch solche Bewerber auszuschließen, bei denen die Möglichkeit künftiger Erkrankungen und des Eintritts dauernder Dienstunfähigkeit vor Erreichen der Altersgrenze mit überwiegender Wahrscheinlichkeit nicht ausgeschlossen werden kann.

Grundlage der Beurteilung deiner gesundheitlichen Eignung ist die Polizeidienstvorschrift 300 (PDV 300), die jedoch als VS -nfD- deklariert ist (Verschlusssache, nur für den Dienstgebrauch) und somit nicht öffentlich zugänglich ist. Jeder Fall ist dabei eine Einzelfallentscheidung des untersuchenden Arztes.

**Ablauf**
Dank der bundesweit einheitlichen PDV 300 sind auch die Untersuchungen der ärztlichen Dienste der Polizeien größtenteils gleich. Dieser Abschnitt lässt sich also auf alle anderen Landes- und Bundespolizeien übertragen.

**1. Vorerkrankungen**
Vor der eigentlichen Untersuchung steht Papierkrieg an, denn du musst ein mehrseitiges Formular zu Vorerkrankungen, Operationen, Allergien und Krankheiten deiner nahen Verwandtschaft ausfüllen. Auch die behandelnden Ärzte der letzten fünf Jahre musst du eintragen, sofern du in diesem Zeitraum beim Arzt warst. Der Polizeiarzt bespricht dies dann mit dir.

**2. Körperliche Untersuchung**
Danach kommt die körperliche Untersuchung beim Arzt. Er überprüft dabei die grundlegende Beweglichkeit in den Gelenken und Gliedmaßen und horcht Herz und Lungen ab. Er verschafft sich so ein Bild deines körperlichen Zustands. Nichts, wovor du dich fürchten müsstest.

### 3. Urinprobe und Blutabnahme

Im Anschluss wird dir Blut abgenommen und du musst eine Urinprobe abgeben. Die beiden Proben werden zur weiteren Untersuchung in ein Labor geschickt. Worauf genau untersucht wird, ist Bestandteil der PDV 300 und somit leider nicht öffentlich zu verbreiten.

Das Ergebnis und somit, ob du gesundheitlich geeignet bist, erfährst du in einigen Tagen beziehungsweise wenigen Wochen, es sei denn, es stellt sich schon vorher heraus, dass du ungeeignet bist.

### 4. Lungenvolumentest

Es folgt ein Lungenvolumentest. Dabei musst du mehrfach so kräftig wie möglich in eine spezielle Maschine ausatmen und so tief wie möglich einatmen. Sofern du keine Lungenerkrankung hast oder hattest, dürfte dies kein Problem werden.

### 5. Seh- und Hörtest

Seh- und Hörtest kommen als Nächstes dran. Der Sehtest ist deutlich umfangreicher als der, den man aus der Fahrschule kennt. Unter anderem wird das räumliche Sehen, das Nachtsehen sowie das Farberkennungsvermögen getestet. Der Hörtest ist sehr simpel, du musst auf einen Knopf drücken, sobald du einen Ton auf deinen Kopfhörern hörst. Dabei werden verschiedene Tonfrequenzen nacheinander abgespielt.

### 5. Belastungs-EKG

Der letzte Schritt ist das Belastungs-EKG. Auf einem Fahrradergometer werden während einer zirka zehnminütigen Belastungsphase dein Puls und Blutdruck gemessen. Dabei musst du eine konstante Zahl an Umdrehungen pro Minute leisten. Nach der Belastungsphase wird weiter gemessen, bis sich dein Puls „beruhigt" hat. Hierbei kann man schon mal ins Schwitzen kommen, daher ist es empfehlenswert, sich ein Handtuch und eine lockere, sportliche Hose einzupacken.

Solltest du aus welchen Gründen auch immer – sei es Krankheit oder sonstige Verhinderung – deinen Termin zur polizeiärztlichen Untersuchung absagen oder verschieben wollen, ruf einfach bei deinem Einstellungsberater an. In der Regel sind Terminänderungen möglich.

## Polizeidienstuntauglich – was nun?

Der Arzt trifft immer eine Einzelfallentscheidung in Anbetracht der Gesamtumstände. Daher kann es sein, dass verschiedene Polizeiärzte verschiedene Meinungen vertreten, was zu Untauglichkeit führt und was nicht. Wurdest du nun polizeidienstuntauglich „geschrieben", solltest du nicht unbedingt gleich aufgeben. In manchen Fällen kann es sinnvoll sein, es in anderen Bundesländern zu versuchen.

**Beispiel:** Ein Bewerber wurde in NRW für polizeidienstuntauglich (PDU) befunden, weil er Akne im Gesicht und auf dem Rücken hatte. Begründung war, dass das Tragen von Schutzausstattung im Einsatz die Akne aufscheuern würde und man dadurch im Dienst beeinträchtigt sei. Bei seinen anderen Einstellungstests, unter anderem in Bremen, war die Akne kein Problem und die Entscheidung des Arztes in NRW wurde nur mit einem Kopfschütteln kommentiert. Er ist seitdem Polizist und hatte nie Probleme beim Tragen der Schutzausstattung.

Die aktuelle Rechtsprechung des BVerwG stärkt die Position der Bewerber. Im Einzelfall kann es durchaus sinnvoll sein, gegen die Entscheidung des polizeiärztlichen Dienstes vorzugehen und sogar zu klagen. Dabei solltest du dich grundsätzlich von einem Anwalt beraten lassen.

Eine weitere Möglichkeit ist es, Widerspruch gegen die ärztliche Entscheidung einzulegen und beispielsweise ein eigenes ärztliches Attest vorzustellen. Der Polizeiarzt ist daran jedoch nicht zwingend gebunden.

Hast du Zweifel, ob du polizeidiensttauglich bist, kannst du vorab beim polizeiärztlichen Dienst (PÄD) anrufen und deine Situation schildern. Dort wird man versuchen, dir zu helfen. Die Telefonnummer des PÄD erhältst du bei deinem Einstellungs- oder Berufsberater.

Viele aktuelle Inhalte (Erfahrungsberichte, Videos, kostenlose Tests etc.) zum Einstellungstest der Polizei Hessen findest du auf dieser Webseite: eignungsauswahlverfahren.de/test-infos/einstellungstest-polizei-hessen/

Die Grafik auf der folgenden Seite veranschaulicht die einzelnen Schritte im Auswahlverfahren der Polizei Hessen bildhaft.

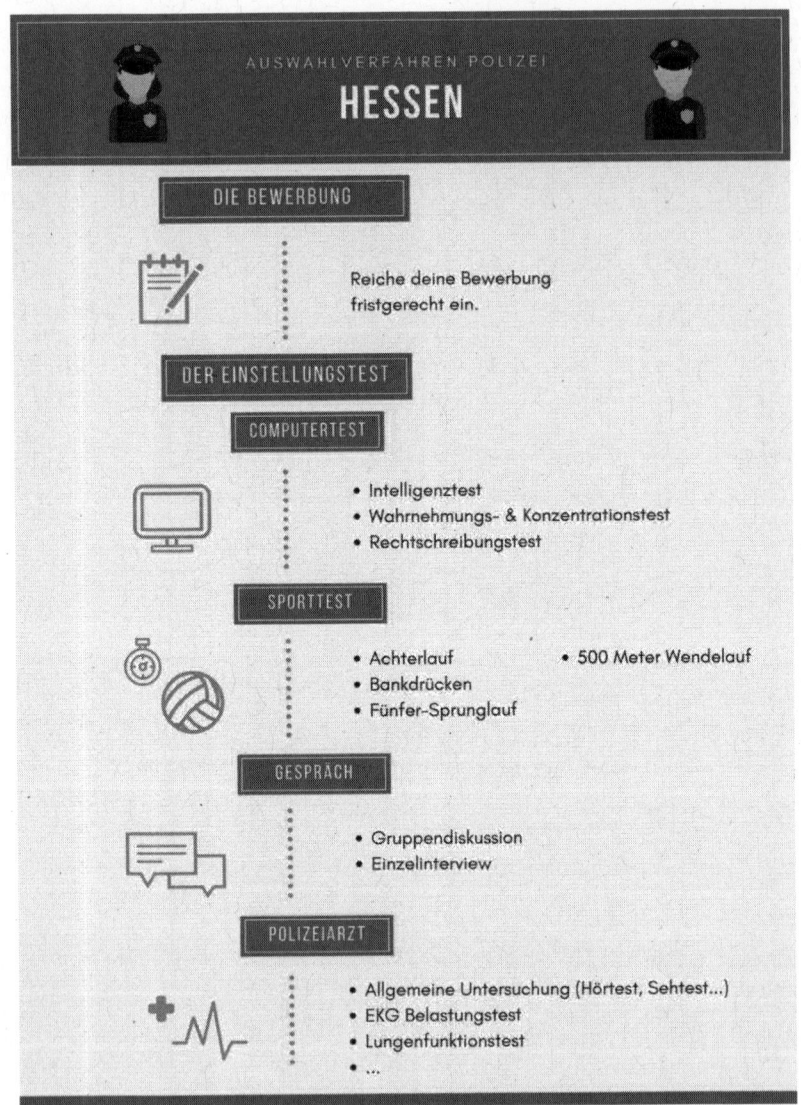

## Erfahrungsbericht eines Polizeibewerbers

Ich habe mich im September 2016 bei der Polizei Hessen beworben und einige Wochen später einen Termin für Ende November erhalten. Der ausschlaggebende Grund, weshalb ich mich in Hessen beworben habe, ist die Möglichkeit, direkt bei der Kriminalpolizei einzusteigen. Ich selbst komme aus NRW, da ist das leider nicht möglich. Aber dazu später mehr. Vorweg kann ich jedem Bewerber wirklich nur empfehlen, von den genialen Angeboten der Einstellungsberater Gebrauch zu machen.

In Hessen ist es möglich, an diversen Standorten einen Sport-Probe-Test zu absolvieren und ein Gespräch mit den Einstellungsberatern zu führen. In dem Gespräch wirst du bestmöglich auf das Auswahlverfahren vorbereitet und kannst Fragen jeglicher Art stellen. Ich selbst hatte das Glück, ein sehr gutes Gespräch mit der Einstellungsberaterin am Telefon führen zu können. Nach Erläuterung des Testablaufs wurde ich in relevante Aufgabentypen und Literaturvorschläge eingeweiht. Diese erwähne ich in den nächsten Abschnitten.

**Auswahlverfahren**

Das Auswahlverfahren findet in Wiesbaden an der Polizeiakademie statt. Bewerber von weiter weg können sich eine Schlafmöglichkeit reservieren. Am Empfang erhält man einen Schlüssel zu einem Zimmer, das man sich in der Regel mit einem Zimmernachbarn teilt. Mit diesem konnte man sich dann nochmals über die Vorbereitung austauschen und sich „absichern". Mich persönlich hat das sehr beruhigt.

Für 6:30 Uhr war dann das Frühstück in der Kantine angesetzt. Für knapp 3 Euro konnte man sich von einem Buffet bedienen. Es ist für jeden etwas dabei. Nach dem Frühstück ging es dann auch schon los. Um 7:00 Uhr morgens trafen wir uns vor dem Prüfungsgebäude. Um 7:15 Uhr hatten wir dann auch endlich erkannt, dass der Prüfungsraum schon längst offen war und wir unseren Platz hätten einnehmen können. Nach Vorlage des Personalausweises nahmen wir Platz und warteten noch bis 7:30 Uhr auf die restlichen Teilnehmer. Es waren nur 18 Teilnehmer, da einige nicht erschienen sind. Nach einer Erläuterung zum Tagesablauf ging der Test los.

### Lückendiktat

Über Kopfhörer wird dir ein Text vorgelesen, den du mitlesen kannst und bei dem du Lücken ausfüllen musst. Insgesamt kannst du den jeweiligen Satz dreimal anhören. War auf jeden Fall machbar. Und ich bin echt kein Rechtschreib-Profi.

### Konzentrationstest

Hierbei handelt es sich um den CT-Weber-Test.

### Sprachtest

Sprachanalogien, Gemeinsamkeiten, Oberbegriffe kannst du sowohl in jedem Vorbereitungsbuch als auch unter eignungsauswahlverfahren.de trainieren. Viele Beispiele kennt man, wenn man sich intensiv vorbereitet. Doch wie zu erwarten, kommen auch etwas schwierigere Beispiele dran, bei denen man echt überlegen muss.

### Rechentest

Dieser Abschnitt beginnt mit Aufgaben zum Kopfrechnen, für die man allerdings auch einen „Schmierzettel" bekommt. Addition, Subtraktion, Multiplikation und Dividieren, alles dabei. Sowohl Kettenaufgaben als auch Bruch- und Dezimalaufgaben. Keine Prozent- oder Zinsrechnung, auch keine Textaufgaben. Danach folgten Zahlenreihen – diese waren sehr, sehr einfach. Vor allem, weil man Stift und Papier zu Seite hatte. Als letzte Aufgabe des Rechenteils sollten Rechenarten eingefügt werden: 5 _ 4 _ 2 = 7. Das war auf jeden Fall auch machbar.

### Gruppendiskussion

Wir wurden in eine 6er- und eine 4er-Gruppe eingeteilt und jeweils in verschiedene Räume gebracht, in denen schon zirka zehn „Prüfer" auf uns warteten. Nachdem wir einen uns vorgelegten Text gelesen hatten, sollten wir drei Problemstellungen auswählen, die auf Karteikarten standen. Es gab zehn Stück, die wichtigsten drei waren auszuwählen.

Dabei gibt es keine wirklich falsche oder richtige Antwort. Alles, was zählt, ist die Art und Weise, wie du in der Gruppe agierst. Du solltest versuchen, einen Mittelweg zu finden zwischen „nicht zu viel", aber auch nicht „zu wenig" Sprachanteil. Du solltest ausreden lassen und auf deine Gestik beziehungsweise Mimik achten. Eine von zehn Personen ist an dieser Stelle rausgeflogen, da sie zwischenzeitlich einmal die Arme verschränkt hielt und sich zurückgelehnt hatte.

**Einzelinterview**

Hatte man diese Hürde auch geschafft, kam es zum letzten Teil, dem Einzelinterview. Ich habe zirka zwei Stunden darauf gewartet, bis ich zum Interview reingerufen wurde – das waren so ziemlich die längsten zwei Stunden meines Lebens. Interviewt wurde ich dann von zwei Personen, einer Frau in Uniform und einem Mann in normaler Kleidung. Die beiden hatten einen Fragenkatalog vor sich liegen, den sie mehr oder weniger abgeklappert haben. Du solltest auf jeden Fall darauf vorbereitet sein, folgende Fragen zu beantworten:

- *Warum willst du zur Polizei?*
- *Wie sieht der Alltag eines Polizisten aus?*
- *Vor-/Nachteile des Polizistenberufs?*
- *Gedanken zur Schusswaffe äußern*

Es folgen weitere Fragen, die besonders auf deine Motivation abzielen. Zudem wurden spezifische Wissensfragen gestellt, wie zum Beispiel:

- *Wie heißt der Präsident der Polizei Hessen?*
- *An welchen Standorten kann man in Hessen studieren?*
- *Wie heißt der Abschluss, den man nach dem Studium erhält?*

Auf diese Fragen war ich nicht vorbereitet, aber zum Glück konnte ich mich in der langen Wartezeit etwas austauschen und Informationen sammeln. Das Interview ist also gut verlaufen. Wichtig zum Thema Schusswaffe: Wenn du gefragt wirst, ob du schießen würdest – wer da nein sagt, ist draußen! Also antworte ruhig, dass du im Notfall auch schießen würdest.

So, alle Aufgaben waren geschafft, nun hieß es, wie schon so oft an diesem Tag, abwarten. Vier von den übrigen neun Personen haben es leider aufgrund des Interviews nicht gepackt. Das hat uns natürlich sehr schockiert, weil keiner gedacht hatte, beim letzten Hindernis durchzufallen.

**Die Zusage und ärztliche Untersuchung**

Wir übrigen Fünf wurden gleichzeitig in einen Raum gebeten, in dem nochmals das ganze Prüfungsteam saß. Dort wurde verkündet, dass wir alle eine vorbehaltliche Einstellungszusage bekommen. Wir mussten noch unsere beiden Studienortwünsche angeben und konnten dann gehen – nicht nach Hause, sondern in unsere Unterkunft, denn am nächsten Morgen stand die ärztliche Untersuchung an. Um 7:00 Uhr ging es los:

- Blutabnahme
- Urinprobe
- Sehtest
- Hörtest
- EKG (Belastung und Ruhe)
- ein weiterer Sehtest (ich glaube, er wurde „Gesichtsfeld-Test" genannt)
- abschließendes Gespräch mit der Polizeiärztin

Danach durften wir endlich nach Hause. Man bekommt per Post dann die nächsten Schritte mitgeteilt.

Ich hoffe, ich konnte dir einige Einblicke und wichtige Tipps geben und dir die Angst beziehungsweise Nervosität vor dem Test nehmen. Alles in allem ist dieser Test mit guter Vorbereitung machbar. Wenn es doch nicht klappen sollte – nicht den Kopf hängen lassen und erneut versuchen. Ich wünsche dir viel Erfolg!

*Es handelt sich hierbei um einen echten Erfahrungsbericht eines Bewerbers. Bitte bedenke, dass sich Einstellungstests ändern können und somit keine Gewähr für die Richtigkeit der Inhalte übernommen werden kann.*

Da du bereits dieses Buch erworben hast, möchten wir dir an dieser Stelle einen **Gutschein für unsere Online-Programme in Höhe von 15 Euro** schenken. Die folgende Kurzanleitung beschreibt dir, wie du den Gutschein einlösen kannst:

1. Öffne den Browser auf deinem Smartphone, Tablet oder deinem Desktopcomputer.

2. Scanne den QR-Code oder gib die folgende URL in die Adresszeile ein oder: plakos-akademie.de/produkt/app-testtrainer-vollversion-15/

3. Mit dem Produkt „Testtrainer App" hast du Zugriff auf fünf unserer Kurse: Testtrainer, Allgemeinwissen, Konzentration, Logik und Sprache.

4. Gib am Ende des Bestellprozesses den folgenden Gutscheincode ein. Bitte beachte, dass mit dem Gutscheincode in der Testtrainer App nicht alle Plakos-Akademie-Kurse freigeschaltet sind.

buchrabatt15

Bei Fragen kannst du gerne eine E-Mail an support@plakos.de senden. Antworten auf häufig gestellte Fragen findest du auf der Webseite plakos-akademie.de/kundenservice/. Eine Übersicht zu allen Lern-Apps von Plakos findest du unter plakos-akademie.de/kundenservice-apps/.

Online-Bewerber-Training

# Bestehe deinen Einstellungstest mit der Plakos-Einstellungstest-App!

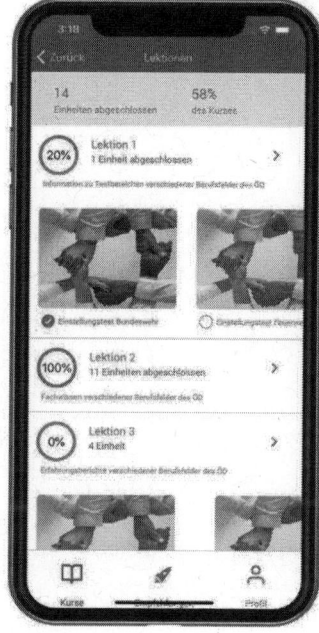

Zahlreiche interaktive Aufgaben, Übungen und Lösungen

Im Google Play-Store und im AppStore von Apple erhältlich

Einfache Navigation zwischen allen Lektionen, Themen und Tests

Bestehe deinen Einstellungstest mit der Plakos-Einstellungstest-App! Mit der Plakos-App hebst du deine Einstellungstest-Vorbereitung auf ein neues Level! Du profitierst von Lösungswegen und ausführlichen Erklärungen zu jeder Aufgabe. Am Ende bekommst du eine Auswertung deiner Ergebnisse. Sichere dir jetzt deinen Vorteil gegenüber anderen Mitbewerbern! Wähle die gewünschte Berufsgruppe aus und melde dich mit deinen Zugangsdaten aus dem Mitgliederbereich der Plakos Akademie an. Es werden dir dann die passenden Übungen für den Einstellungstest angezeigt.

# Plakos-Online-Testtrainer – die optimale Vorbereitung für dich!

Strukturierter Ablauf, Lösungswege und Kernfortschrittsanzeigen

Kurse und Lektionen abgestimmt auf den jeweiligen Beruf

Lern- und Erklärvideos sowie Experten-Tipps

**Lebenslanger Zugriff auf zahlreiche interaktive Aufgaben, Übungen und Lösungen**

**Online vom PC, Smartphone oder Tablet zugreifen**

**Videokurse, Erfahrungsberichte, Podcasts inklusive**

Tausende Bewerber üben jährlich ganz konkret mit den Plakos-Online-Testtrainings. Sie gehen anschließend mit mehr Selbstbewusstsein und Wissen in ihr Auswahlverfahren.

Die Online-Testtrainer gibt es in verschiedenen Preiskategorien für zahlreiche Berufe wie zum Beispiel im öffentlichen Dienst, im Bereich Gesundheit, Pflege und Soziales oder für technische und kaufmännische Berufe.

# Fachwissen Polizei

Ergänzend zum Allgemeinwissen stellen potenzielle Arbeitgeber häufig Wissensfragen zum jeweiligen Fachgebiet. So hoffen sie, Rückschlüsse ziehen zu können, ob ein ernsthaftes Interesse an der Ausbildung und am Arbeitgeber selbst besteht.

In Deutschland arbeiten mehr als vier Millionen Menschen im öffentlichen Dienst. Die öffentliche Verwaltung kann dabei in Bundes-, Länder- und Kommunalebene getrennt werden. In der öffentlichen Verwaltung zu arbeiten bietet die Chance, in einem sicheren Umfeld den administrativen Apparat eines Staates von innen kennen zu lernen. Hinter dem Begriff öffentlicher Dienst verbirgt sich Deutschlands größter Arbeitgeber mit vielen Facetten, denn die möglichen Arbeitsfelder sind vielfältig. Sie reichen vom Berufsfeld der öffentlichen Verwaltung über Energieversorgung oder Polizei bis hin zu Rechtswissenschaften.

## Fachspezifische Aufgaben zur Polizei

1. Wie viele Landespolizeien gibt es in der Bundesrepublik Deutschland?
a) 16
b) 14
c) 5
d) 21

2. Die Polizei ist ein ...
a) Legislativorgan des Staates.
b) Exekutivorgan des Staates.
c) Judikativorgan des Staates.
d) Exekutiv- und Legislativorgans des Staates.

3. Wo liegt der Sitz der INTERPOL?
a) Bonn
b) Genf
c) Lyon
d) Den Haag

4. Die Vollzugspolizei ist der Teil der Polizei, der ...
a) für schnelles Handeln verantwortlich ist.
b) von der Schusswaffe Gebrauch macht.
c) Streife fährt.
d) den Hauptteil der Gefahrenabwehr vornimmt.

5. In den Landeskriminalämtern
a) bündelt sich die kriminalistische Kompetenz eines Bundeslandes.
b) findet die nationale Verbrechensbekämpfung statt.
c) geht es immer um Mord und Totschlag.
d) werden Schwarzarbeit und Geldwäsche bekämpft.

6. Die Zahl der Polizisten in Deutschland beläuft sich auf rund ...
a) 16.000.
b) 60.000.
c) 160.000.
d) 260.000.
e) 350.000.

7. Der oberste Dienstherr der Landespolizei ist ...
a) der Polizeipräsident.
b) der Landesinnenminister bzw. Innensenator.
c) der Verteidigungsminister.
d) der Bundesinnenminister.

8. Wofür steht die Abkürzung SEK?
a) Spezialeinsatzkommando
b) Sondereinsatzkommando
c) Sicherung einer Kommune
d) Schnelles Einsatzkommando

9. Was zählt nicht zu den Aufgaben der Polizei?
a) Gefahrenabwehr

b) Strafverfolgung
c) Überwachung des Verkehrs
d) Ausstellen von Haftbefehlen

10. Welche Gefahrenart gibt es im Bereich der Gefahrenabwehr nicht?
a) erhebliche Gefahr
b) latente Gefahr
c) abstrakte Gefahr
d) maximale Gefahr

11. Zur Aufgabe der Polizei zählt auch die Wahrung der öffentlichen Ordnung. Was wird darunter nicht verstanden?
a) ungestörte Religionsausübung
b) Achtung der den Toten geschuldeten Pietät
c) Mindestanforderungen an Anstand, Ethik, Sittlichkeit und Moral
d) öffentliches Trinken

12. Welches Prinzip verpflichtet die Polizei zu Ermittlungen, wenn sie von Straftaten in Kenntnis gesetzt wird?
a) Legalitätsprinzip
b) Illegalitätsprinzip
c) Relativitätsprinzip
d) Absolutheitsprinzip

13. Was ist kein Zwangsmittel, das von der Polizei eingesetzt werden darf?
a) Zwangsgeld

b) Zwangshaft
c) Ersatzvornahme
d) Ordnungshaft

14. Was ist eine Schleierfahndung?
a) verdachtsunabhängige Personenkontrolle
b) Ermittlungsmethode zur Identitätsfeststellung bei Demonstrationen
c) inzwischen illegale Ermittlungsmethode aus der DDR
d) Fahndung nach verschleierten Personen

15. Wo wird die Versammlungsfreiheit garantiert?
a) im Bürgerlichen Gesetzbuch (BGB)
b) im Grundgesetz (GG)
c) im Polizeigesetz (PolG)
d) im Sozialgesetzbuch (SGB)

16. Eigentlich ist der polizeiliche Schutz der deutschen Außengrenzen allein Aufgabe des Bundes. In welchem Bundesland gab es abweichend von dieser Regel bis 1998 eine eigene Landes-Grenzpolizei?
a) Bayern
b) Brandenburg
c) Baden-Württemberg
d) Nordrhein-Westfalen

17. Welche Amtsbezeichnung steht einem Polizisten zu, der auf seinen beiden Uniform-Schulterklappen jeweils zwei silberweiße Sterne trägt?
a) Polizeihauptmeister
b) Polizeihauptkommissar
c) Polizeikommissar
d) Polizeioberkommissar

18. Was war bis zur Einführung des modernen Polizeihelms in den 1960er Jahren eine übliche Kopfbedeckung deutscher Polizisten?
a) Tschako
b) Kappe
c) Zylinder
d) Mütze

19. Anwärter für den höheren Polizeidienst müssen in der Regel ein Studium absolvieren an der Deutschen Hochschule der Polizei in …
a) Duisburg.
b) Augsburg.
c) Münster.
d) Potsdam.

20. Polizeigewalt im Sinne von körperlicher Gewalt ist nur erlaubt …
a) bei Großveranstaltungen wie den G20.
b) in verhältnismäßigem Ausmaß.
c) bei Ausschreitungen durch rechtsextreme Gruppen.
d) in Berlin und Hamburg.

21. Bis wann gab es in Deutschland eine Bahnpolizei als eine eigene Polizeiorganisation?
a) bis 1992
b) bis 1990
c) bis 2000
d) bis 1945

22. Wie heißt die Truppengattung der Bundeswehr, die als Militärpolizei eingesetzt wird?
a) Fernmeldetruppe EloKa
b) Feldjägertruppe
c) Truppe für operative Information
d) Instandsetzungstruppe

23. Unter welcher Kurzbezeichnung ist eine auf Englisch „European Police Office" genannte, für Polizeiaufgaben zuständige EU-Agentur bekannt?
a) Interpol
b) Europol
c) Europäische Justizbehörde
d) Europäische Strafverfolgungsbehörde

24. Wie wird der äußerst selten praktizierte, polizeiliche Gebrauch von Schusswaffen mit der Vorgabe, dass der Beschossene als Folge höchstwahrscheinlich stirbt, genannt?
a) Abwehrschuss
b) tödlicher Schusswaffengebrauch
c) Schuss mit Todesfolge
d) finaler Rettungsschuss

25. Wie lautet die Bezeichnung für etwa 80 bis 120 Mann starke Einheiten deutscher Bereitschaftspolizeien?
a) Staffel
b) Zug
c) Trupp
d) Hundertschaft

26. Unter welcher Buchstaben-Zahlen-Kombination ist die Anti-Terror-Einheit der Bundespolizei allgemein bekannt?
a) SEK 1
b) PSG 1
c) GSG 9
d) DSR 1

27. Wer ist der oberste Dienstherr der Polizei im Deutschen Bundestag (Polizei DBT)?
a) die Bundeskanzlerin
b) der Bundestagspräsident
c) der Bundespräsident
d) der Bundesinnenminister

28. Welche Dienstwaffe wird bei der Bundespolizei seit 2006 ausgegeben?
a) SIG Sauer P229
b) HK P8
c) HK P30
d) SIG Sauer P225

## Lösungen: Fachwissen Polizei

| | | |
|---|---|---|
| 1. a) | 11. d) | 21. a) |
| 2. b) | 12. a) | 22. b) |
| 3. c) | 13. d) | 23. b) |
| 4. d) | 14. a) | 24. d) |
| 5. a) | 15. b) | 25. d) |
| 6. d) | 16. a) | 26. c) |
| 7. b) | 17. d) | 27. b) |
| 8. a) | 18. a) | 28. c) |
| 9. d) | 19. c) | |
| 10. d) | 20. b) | |

# Recht

1. Die sogenannte Judikative ist die …
a) ausführende Gewalt.
b) richterliche Gewalt.
c) gesetzgebende Gewalt.
d) gesetzliche Gewalt.

2. Für wen hat der Gesetzgeber im Strafrecht eigens eine besondere Regelung eingeführt?
a) Kronzeuge
b) Kronprinz
c) Kronleuchter
d) Kronkorken

3. Welchen Zweck verfolgen die Grundrechte primär?
a) den Schutz von Bürgern untereinander
b) den Schutz des Bürgers vor juristischen Personen
c) den Schutz des Bürgers vor Eingriffen des Staates
d) den Schutz des Staates vor den Bürgern
e) Keine Antwort ist richtig.

4. Welche Bedeutung hat die Abkürzung „StPO"?
a) Strafpolizeiordnung
b) Steuerpolizeiordnung
c) Strafprozessordnung
d) Straßenverkehrsordnung
e) Staatspolizeiorganisation

5. Ab welchem Alter ist man grundsätzlich durch die Grundrechte geschützt?
a) Geburt
b) acht
c) 14
d) 21
e) 18

6. Welche Frage wirft der Begriff der Rechtsgeltung auf?
a) die Frage der Wiedergutmachung durch Gesetze
b) die Frage nach der Gültigkeit von Gesetzen
c) die Frage nach der Verurteilung aufgrund von Gesetzen

7. Welches Gericht wird grundsätzlich bei Streitigkeiten auf dem Gebiet des öffentlichen Rechts angerufen?
a) Zivilgericht
b) Verwaltungsgericht
c) Keine Antwort ist richtig.
d) Schiedsgericht
e) Strafgericht

8. Ein Kaufvertrag verpflichtet den Verkäufer zur …
a) Rechnungstellung.
b) Begleichung des Kaufpreises.
c) Aushändigung eines Lieferscheins.
d) Übergabe der Kaufsache.

9. Welche der folgenden Tatbestände beschreibt eine Körperverletzung?
a) auf die Schulter klopfen
b) das Abschneiden der Haare im Schlaf
c) im Schulunterricht andere SchülerInnen mit Papierkügelchen
bewerfen
d) angewiderter Blick

10. Was bedeutet die Gewaltenteilung?
a) historischer Begriff für eine Militärdiktatur
b) Mittel zur Machtbegrenzung und Sicherung von Freiheit und Gleichheit
c) Gesetz, das jedem Bundesbürger untersagt, allein Gewalt anzuwenden
d) Prinzip, nach dem Polizeibeamte bei gewalttätigen Eingriffen vorgehen müssen

11. Wo hat der Europäische Gerichtshof für Menschenrechte seinen Sitz?
a) Den Haag
b) Straßburg
c) Brüssel
d) Luxemburg

12. Was besagt der sogenannte „Taschengeldparagraph"?
a) Minderjährigen ist ein Taschengeld von den Eltern zu gewähren.
b) Keine Antwort ist richtig.
c) Minderjährige können Taschengeld vom Staat verlangen.
d) Grundsätzlich muss kein Taschengeld bezahlt werden.
e) Ein Minderjähriger kann grundsätzlich mit seinem Taschengeld einen wirksamen Vertrag schließen.

13. Was ist ein positives Recht?
a) ein Gesetz, das negative Auswirkungen hat
b) ein vom Menschen gesetztes Recht
c) ein von der Natur gesetztes Recht
d) ein Gesetz, das positive Auswirkungen hat

14. Was ist soziologisch gesehen keine Funktion eines funktionierenden Rechtssystems?
a) Gerechtigkeit
b) Frieden
c) Freiheit
d) Kontrolle

15. Mit welchem Alter gilt man in Deutschland als unbeschränkt geschäftsfähig im Sinne des Bürgerlichen Gesetzbuches?
a) mit Vollendung der Geburt
b) mit 14 Jahren
c) mit sieben Jahren

d) mit 18 Jahren

e) mit 21 Jahren

16. Die Polizei ist Teil der …

a) Judikative.

b) Exekutive.

c) Legislative.

17. Wer oder was wird auch als „Hüter der Verfassung" bezeichnet?

a) Bundeskriminalamt

b) Bundespräsident

c) Bundesrat

d) Bundeskanzler

e) Bundesverfassungsgericht

18. Wann wurde das Grundgesetz der Bundesrepublik Deutschland verkündet?

a) 23.05.1949

b) 17.08.1945

c) 01.01.1990

d) 01.01.1946

19. Wie bezeichnet man das Gegenteil von absolutem Recht?

a) finales Recht

b) ungefähres Recht

c) relatives Recht

d) fiktives Recht

20. Wie heißt die Personifikation der Gerechtigkeit?

a) Minerva

b) Justitia

c) Diana

d) Juno

21. Welche Bedeutung hat die Abkürzung „AGB"?

a) allgemeine Gewerkschaft Berlin

b) Arbeitsgemeinschaft der Behörden

c) Archiv für Geschichte des Buchwesens

d) allgemeine Geschäftsbedingungen

22. Wann erlischt das Urheberrecht?

a) 50 Jahre nach der Veröffentlichung

b) 30 Jahre nach der Veröffentlichung

c) 70 Jahre nach dem Tod des Urhebers

d) 50 Jahre nach dem Tod des Urhebers

23. Was versteht man unter einer Konventionalstrafe?

a) richterliche Strafe

b) Vertragsstrafe

c) Verzugszins

d) Freiheitsstrafe

24. Welche der folgenden Kategorien gehört nicht zum öffentlichen Recht?

a) Steuerrecht

b) Urheberrecht

c) Sozialrecht

d) Verwaltungsrecht

25. Ein Notar ist zuständig für ...?

a) Strafverteidigungen.

b) arbeitsgerichtliche Verfahren.

c) Beurkundungen.

d) Klagen vor dem Oberverwaltungsgericht.

26. Wie nennt man den obersten Beamten der Staatsanwaltschaft beim Bundesgerichtshof?

a) Staatsoberanwalt

b) Generalbevollmächtigter

c) Staatssekretär

d) Generalbundesanwalt

27. Was steht in Artikel 1, Abs. 1 des Deutschen Grundgesetzes?

a) die Meinungsfreiheit

b) die Unantastbarkeit der Würde des Menschen

c) das Recht auf Bildung

d) die Versammlungsfreiheit

28. Bei welchem Recht handelt es sich um kein Grundrecht nach dem Deutschen Grundgesetz?

a) Versammlungsfreiheit

b) Asylrecht

c) das Recht, CDs und DVDs für private Zwecke zu kopieren

d) Unverletzlichkeit der Wohnung

29. Was sind Schöffen?

a) ehrenamtliche Laienrichter

b) Mitarbeiter des Justizministeriums

c) staatliche Gerichtsdiener

d) parlamentarische Justizhelfer

30. Verhältnismäßigkeit heißt

a) Vorrang des Gesetzes.

b) nicht ohne das Gesetz.

c) keine Maßnahme gegen den Willen der Bürger.

d) Eingriff in die Rechte der Bürger nur in dem Umfang, wie es die Maßnahme notwendig macht.

31. Was versteht man unter dem rechtlichen Eigentum?

a) die tatsächliche Herrschaft über eine Sache

b) den Besitz einer Sache

c) das umfassende Herrschaftsrecht über eine Sache

d) die tatsächliche Verfügungsgewalt über eine Sache

32. Was regelt das Privatrecht?

a) Rechtsbeziehung der Bürger zum Staat

b) Rechtsbeziehung juristischer Personen gegenüber der Polizei

c) Rechtsbeziehung der Bürger untereinander

d) Rechtsbeziehung der Bürger zum öffentlichen Recht

33. Vorbehalt des Gesetzes heißt, …?
a) Eingriff in die Rechte der Bürger nur in dem Umfang, wie es die Maßnahme notwendig macht.
b) Vorrang des Gesetzes.
c) keine Maßnahmen ohne Zustimmung des Bundespräsidenten.
d) nicht ohne das Gesetz.

Lösungen: Recht

| 1. b) | 12. e) | 23. b) |
|-------|--------|--------|
| 2. a) | 13. b) | 24. b) |
| 3. c) | 14. a) | 25. c) |
| 4. c) | 15. d) | 26. d) |
| 5. a) | 16. b) | 27. b) |
| 6. b) | 17. e) | 28. c) |
| 7. b) | 18. a) | 29. a) |
| 8. d) | 19. c) | 30. d) |
| 9. b) | 20. b) | 31. c) |
| 10. b) | 21. d) | 32. c) |
| 11. b) | 22. c) | 33. d) |

# Politik und Gesellschaft

1. Der Bundesrat ...
a) hat die Ablösung der Regierung als Ziel.
b) hat eine Gesetzgebungsfunktion.
c) besteht aus Bundestagsabgeordneten.
d) vertritt die Bundesländer im Bund.

2. Aus welchem Land kamen die ersten Gastarbeiter die Bundesrepublik Deutschland?
a) Italien
b) Spanien
c) Portugal
d) Türkei

3. Volkssouveränität bedeutet,
a) wichtige Beschlüsse kommen durch einen Volksentscheid zustande.
b) die Würde des Volkes ist unantastbar.
c) die Staatsgrenzen dürfen von anderen Völkern nicht verletzt werden.
d) alle Gewalt geht vom Volk aus.

4. Wie heißt die Wirtschaftsordnung der Bundesrepublik Deutschland?
a) freie Zentralwirtschaft
b) soziale Planwirtschaft
c) soziale Marktwirtschaft
d) freie Marktwirtschaft

5. Wofür steht die Abkürzung NATO?
a) North Atlantic Treaty Organization
b) North American Tactical Operations
c) North Atlantic Trade Organization
d) North American Trade Organization

6. Wer war Begründer der modernen Evolutionstheorie?
a) Jean-Baptiste de Lamarck
b) Francis Crick
c) Gregor Mendel
d) Charles Robert Darwin

7. Welcher Partei gehörte der erste Bundespräsident der Bundesrepublik Deutschland an?
a) CSU
b) CDU
c) FDP
d) SPD

8. Was besagt das Schengener Abkommen?
a) Teil der Verfassung der Europäischen Union
b) Aufhebung der Zoll- und Grenzkontrollen zwischen Ländern

c) Abkommen, das alle Mitglieder der Europäischen Union unterschreiben müssen
d) Verordnung der Europäischen Kommission zur Vereinheitlichung der Grenzübergänge

9. Wer ist oberster Dienstherr der Polizei in einem Bundesland?
a) Justizminister
b) Innenminister
c) Kultusminister
d) Finanzminister

10. Wer wählt die Bundeskanzlerin?
a) Bundestag
b) Volk
c) Bundesrat
d) Bundespräsident

11. Ab welchem Alter dürfen deutsche Staatsbürger bei der Bundestagswahl wählen?
a) 18 Jahre
b) 14 Jahre
c) 21 Jahre
d) 16 Jahre

12. In Deutschland gibt es keinen Vizepräsidenten. Wer muss die Vertretung übernehmen, falls der Bundespräsident verhindert ist?
a) der Bundesratspräsident
b) ein vom Bundespräsidenten

bestellter Vertreter
c) der Zweitgereihte der letzten Wahl
d) die Bundeskanzlerin

13. Die Anzahl der Stimmen eines Bundeslandes im Bundesrat hängt ab von ...
a) der Gesamtzahl der Stimmen.
b) der Fläche des Bundeslandes.
c) der Einwohnerzahl des Bundeslandes
d) der Wahlbeteiligung der Bürger im jeweiligen Bundesland.

14. Von wem stammt der Text der deutschen Nationalhymne?
a) Johann Wolfgang von Goethe
b) Ludwig van Beethoven
c) Friedrich Schiller
d) August Heinrich Hoffmann von Fallersleben

15. Was bedeutet Demokratie wörtlich?
a) Herrschaft der Regierung
b) Herrschaft des Volkes
c) Herrschaft der Mehrheit
d) Herrschaft der Menschen

16. Die Richter des Bundesverfassungsgerichts werden ...
a) Keine Antwort ist richtig.
b) vom Bundespräsidenten und vom Bundestag gewählt.

c) vom Bundestag und vom Bundesrat gewählt.
d) vom Volk gewählt.

17. Wie setzt sich die deutsche Bundesregierung zusammen?
a) Kanzlerin und Bundesminister
b) Kanzlerin und Bundespräsident
c) Bundestag und Bundesrat
d) Bundesrat und Bundespräsident

18. Wer hat keine Befugnis, einen Gesetzesentwurf einzubringen?
a) Bundestag
b) Bundespräsident
c) Bundesrat
d) Bundesregierung

19. Wie viele deutsche Bundesländer gibt es?
a) 15
b) 16
c) 22
d) 11

20. Wie heißt die Zusammenarbeit von Parteien zur Bildung einer Regierung?
a) Koalition
b) Ministerium
c) Fraktion
d) Koordination

21. Wie wird das deutsche Regierungssystem bezeichnet?
a) konstitutionelle Monarchie
b) parlamentarische Demokratie
c) Präsidialregime
d) Militärdiktatur

22. Wer war im Jahr 2018 Präsident der Europäischen Kommission?
a) Herman Van Rompuy
b) Martin Schulz
c) Jean-Claude Juncker
d) José Manuel Barroso

23. Welches Land hatte im Jahr 2016 keinen Status als Beitrittskandidat der Europäischen Union?
a) Türkei
b) Ukraine
c) Serbien
d) Albanien

24. Wie hieß der erste Bundespräsident der Bundesrepublik Deutschland?
a) Richard von Weizsäcker
b) Roman Herzog
c) Theodor Heuss
d) Gustav Heinemann

25. Mit welchem Politiker war die britische Premierministerin Margaret Thatcher eng befreundet?
a) Ronald Reagan

b) Helmut Kohl

c) Michail Gorbatschow

d) Winston Churchill

26. Welche Maximalsumme erhalten die Parteien insgesamt jährlich aus staatlichen Zuwendungen?

a) 31 Millionen Euro

b) 63 Millionen Euro

c) 133 Millionen Euro

d) 280 Millionen Euro

27. Was versteht man unter einem „passiven Wahlrecht"?

a) Ausschluss vom Wahlrecht

b) das eigene Wahlrecht durch eine Vertrauensperson ausüben zu lassen

c) per Briefwahl wählen zu können

d) das Recht, bei einer Wahl selbst gewählt zu werden

28. Welche regelmäßigen Massenproteste in der DDR gingen der deutschen Wiedervereinigung voraus?

a) Frühjahrsproteste

b) Montagsdemonstrationen

c) Freitagsbewegung

d) Ostermärsche

29. Welche Tageszeitung hat in Deutschland die höchste Auflage?

a) Süddeutsche Zeitung

b) Frankfurter Allgemeine Zeitung

c) Bild

d) Die Welt

30. Wer war kein deutscher Bundeskanzler?

a) Willy Brandt

b) Walter Scheel

c) Helmut Kohl

d) Gerhard Schröder

31. Wie viele Sterne hat die Europaflagge?

a) 9

b) 12

c) 17

d) 20

32. Wie heißt das Verfahren, das seit 2009 die Verteilung der Mandate nach der Bundestagswahl berechnet?

a) d'Hondt

b) Holl-Neuberger

c) Sainte-Laguë

d) Hare-Niemeyer

33. Seit wann hat Deutschland eine eigene Armee, die heutige Bundeswehr?

a) 1949

b) 1955

c) 1968

d) 1980

34. Welcher Philosoph hatte maßgeblichen Einfluss auf die Verfassung liberaler Staaten?
a) John Locke
b) Jean-Jacques Rousseau
c) Thomas Hobbes
d) Georg Wilhelm Friedrich Hegel

35. Wobei handelt es sich beim Vertrag von Maastricht?
a) Einführung des Emissionsgesetzes
b) Gründung der Europäischen Union
c) Reduzierung der Treibhausgase
d) Aufforstung der Regenwälder

36. Wer wählt in Deutschland den Präsidenten des Deutschen Bundestages?
a) Bundesrat
b) das deutsche Volk
c) Bundesversammlung
d) Bundestag
e) Bundespräsident

37. Ein Bundeskanzler hat gegenüber den Bundesministern
a) ein höheres Stimmrecht.
b) ein Entscheidungsrecht in Pattsituationen.
c) ein Weisungsrecht.
d) ein Bestimmungsrecht.

38. Wie viele Regierungsperioden darf ein Bundeskanzler regieren?
a) unbegrenzt
b) einmal
c) viermal
d) zweimal

39. Wem wird das Bundesverdienstkreuz bei Amtsantritt verliehen?
a) Bundeskanzler
b) Bundestagspräsident
c) Präsident des Bundesverfassungsgerichts
d) Bundespräsident

40. Wo sitzt der Europäische Rechnungshof?
a) Karlsruhe
b) Brüssel
c) Straßburg
d) Luxemburg
e) Den Haag

41. Wo ist der Hauptsitz des Europäischen Parlaments?
a) Karlsruhe
b) Brüssel
c) Straßburg
d) Luxemburg
e) Den Haag

42. Wer bildet den Europäischen Rat?
a) die Staats- und Regierungschefs der EU
b) Abgeordnete als Vertreter

der EU-Länder

c) die Präsidenten der EU-Verfassungsorgane

d) die EU-Bürger

43. Was steht hinter dem Begriff „kommunal"?

a) staatlich

b) eine Gemeinde oder einen Landkreis betreffend

c) eigenständig

d) gesetzlich

e) monetär

44. Innerhalb der deutschen Bundesländer sind die nächstgrößeren Verwaltungseinheiten die ...

a) Landkreise.

b) Städte.

c) Bezirke / Regierungsbezirke.

d) Gemeinden.

45. Gewaltenteilung meint die

a) Trennung von Polizei und Bundeswehr.

b) Aufteilung des Staates in einzelne Bundesländer.

c) hierarchische Gliederung der Verwaltung.

d) Aufteilung der Bundesregierung in Bundestag und Bundesrat.

e) Trennung der Gesetzgebung von der Rechtsprechung und Verwaltung.

46. Mit der Weimarer Republik wurde erstmals in der deutschen Geschichte die ... eingeführt.

a) parlamentarische Demokratie

b) konstitutionelle Monarchie

c) absolute Monarchie

d) autoritäre Diktatur

47. Das Ziel der Nato ist es, die

a) Grenzen Europas vor dem islamischen Staat zu schützen.

b) Mitglieder mit nötigen Waffen und Soldaten auszustatten.

c) Sowjetunion und den Islam zu bekämpfen.

d) Freiheit und Sicherheit der Mitglieder zu gewähren.

48. Welches Land ist kein Mitglied der politischen Vereinigung „Europäische Union"?

a) Norwegen

b) Finnland

c) Rumänien

d) Litauen

49. Was bedeutet der Begriff „Mehrparteienprinzip"?

a) Kennzeichen für einen demokratischen Staat, in dem es mehrere Parteien gibt, die bei Wahlen von stimmberechtigten Staatsangehörigen gewählt werden

b) ein politisches System, bei dem eine Partei langfristig die alleinige Regierungsgewalt innehat und keine Oppositionsparteien zulässt
c) Kennzeichen für einen demokratischen Staat, in dem sich im Wesentlichen zwei Parteien als Regierungsparteien abwechseln
d) Kennzeichen für einen demokratischen Staat, in dem es mehrere Parteien gibt; die Abgeordneten der Parteien wählen das Staatsoberhaupt

50. Wie heißt die Vereinigung von Abgeordneten einer Partei im Parlament?
a) Fraktion
b) Koalition
c) Opposition
d) Mandat

51. Wie heißt das höchste deutsche Gericht?
a) Oberlandesgericht Karlsruhe
b) Bundesgerichtshof
c) Bundesanwaltsgericht
d) Bundesverfassungsgericht

52. Welcher Begriff kann Deutschland nicht zugeordnet werden?
a) Bundesstaat
b) Rechtsstaat
c) Sozialstaat
d) Einheitsstaat

53. Welche Interessen werden in der Landespolitik vertreten?
a) Bund
b) Landkreis und Gemeinde
c) Bundesländer
d) Europäische Gemeinschaft

54. Welches Beamtenverhältnis gibt es nicht?
a) Beamtenverhältnis auf Probe
b) Beamtenverhältnis auf Fertigstellung
c) Beamtenverhältnis auf Zeit
d) Beamtenverhältnis auf Lebenszeit
e) Beamtenverhältnis auf Widerruf

55. Welcher Aufgabe darf ein Beamter nicht nachgehen?
a) kollektive Arbeitsniederlegung
b) Pflicht zur Amtsverschwiegenheit
c) hoheitliche Aufgaben
d) Diensteid ablegen

## Lösungen: Politik und Gesellschaft

| | | |
|---|---|---|
| 1. d) | 20. a) | 39. d) |
| 2. a) | 21. b) | 40. d) |
| 3. d) | 22. c) | 41. c) |
| 4. c) | 23. b) | 42. a) |
| 5. a) | 24. c) | 43. b) |
| 6. d) | 25. a) | 44. c) |
| 7. c) | 26. c) | 45. e) |
| 8. b) | 27. d) | 46. a) |
| 9. b) | 28. b) | 47. d) |
| 10. a) | 29. c) | 48. a) |
| 11. a) | 30. b) | 49. a) |
| 12. a) | 31. b) | 50. a) |
| 13. c) | 32. c) | 51. d) |
| 14. d) | 33. b) | 52. d) |
| 15. b) | 34. a) | 53. c) |
| 16. c) | 35. b) | 54. b) |
| 17. a) | 36. d) | 55. a) |
| 18. b) | 37. c) | |
| 19. b) | 38. a) | |

Logik

## Logik

Bewerber reden sich häufig ein, sie seien nicht gut im logischen Denken oder hätten große Defizite im Bereich Mathematik. Die Wahrheit ist aber, dass mit einer guten Vorbereitung niemand Angst vor Tests aus dem Bereich „Logisches Denken" haben muss.

Im Polizei-Einstellungstest solltest du nicht versuchen, krampfhaft alle Aufgaben nacheinander abzuarbeiten und richtig zu beantworten. Oft gibt es mehr Fragen in den Tests als zeitlich zu bewältigen sind. Dadurch soll geprüft werden, wie Bewerber unter Stresssituationen arbeiten. Lass dich nicht aus der Ruhe bringen und bearbeite zunächst die Aufgaben, die du schnell und sicher lösen kannst und überspringe Fragen, bei denen du nicht weiterkommst.

Du wirst sehen, dass du bereits nach wenigen Übungen aus diesem Buch routinierter wirst und Aufgaben schneller und besser lösen kannst. Ziel dieses Kapitels soll es sein, dass du anschließend mit erhöhtem Selbstbewusstsein und mehr Routine in den logischen Teil des Einstellungstests gehen kannst.

Unter der Rubrik „Logik" sind Übungen zusammengefasst, die das abstrakte beziehungsweise schlüssige Denken abfragen. Es geht bei diesen Aufgaben meist darum, eine bestimmte Reihenfolge logisch fortzusetzen oder die richtigen Schlüsse zu ziehen.

## Zahlenreihen

Setze die Zahlenreihen logisch fort. Überlege dabei genau, welche Regel sich hinter den Zahlen verbergen könnte.

**Beispiel**

Das folgende Beispiel soll dir dabei helfen, den Aufgabentyp „Zahlenreihen" besser zu verstehen und die Aufgaben effizient lösen zu können:

Gegeben: 0, 4, 2, 6, 4, 8, ?
Bei dieser Zahlenreihe wurde als erstes die Zahl 4 addiert: $0 + 4 = 4$
Im nächsten Schritt wurde von 4 die Zahl 2 subtrahiert: $4 - 2 = 2$
Anschließend wurde wieder die Zahl 4 addiert: $2 + 4 = 6$

Wahrscheinlich erkennst du jetzt schon ein Muster. Es wird immer abwechselnd erst 4 addiert und anschließend die Zahl 2 abgezogen. Wenn du diese Regel für die gesamte Zahlenreihe fortführst, kommst du am Ende auf die Zahl 6 als gesuchte Zahl.

Beachte, dass bei Zahlenreihen neben der Addition und Subtraktion auch weitere Rechenoperationen wie Multiplikation oder Division möglich sind. Bei etwas komplexeren Aufgaben können beispielsweise auch Primzahlen eine Rolle spielen. Primzahlen sind Zahlen, die nur durch sich selbst und 1 teilbar sind und größer als 1 sind.

Primzahlen: 2, 3, 5, 7, 11, 13 usw.

Eine etwas komplexere Zahlenreihe könnte beispielsweise folgendermaßen aussehen: 1, 3, 5, 8, 10, 15, 17, 24, 26, ?

Die Zahlenreihe startet mit 1. Um herauszufinden, was die fehlende Zahl ist, schauen wir uns zunächst die Differenz zwischen den gegebenen Zahlen an und versuchen, Muster zu erkennen:

Differenz zwischen 1 und 3 → 2*
Differenz zwischen 3 und 5 → 2
Differenz zwischen 5 und 8 → 3*
Differenz zwischen 8 und 10 → 2
Differenz zwischen 10 und 15 → 5*
Differenz zwischen 15 und 17 → 2

Differenz zwischen 17 und 24 → 7*
Differenz zwischen 24 und 26 → 2

Die Lösung für die gesuchte Zahl ist in diesem Fall 37. Es wird abwechselnd eine Primzahl (siehe mit Stern markierte Differenz) und dann wieder die Zahl 2 addiert.

Dieses Beispiel mag dir im ersten Moment sehr schwierig erscheinen, du wirst aber bereits nach wenigen Zahlenreihen in deiner Lösungsfindung immer schneller werden.

**Tipp:** Mehr als 200 weitere Aufgaben zu Zahlenreihen findest du in unserer kostenlosen Testtrainer App. Eine Anleitung, wie du die App herunterladen und aktivieren kannst, findest du auf Seite 29.

1. Aufgabe
0, 5, 3, 8, 6, ?
a) 9
b) 7
c) 11
d) 8

2. Aufgabe
96, 87, 79, 72, ?
a) 66
b) 67
c) 65
d) 61

3. Aufgabe
13, −21, 34, −55, 89, ?
a) 144
b) −144
c) 123
d) −123

4. Aufgabe
0, 9, 1, 8, 2, 7, 3, ?
a) 5
b) 6
c) 4
d) 10

5. Aufgabe
500, 50, 40, 400, 40, 30, ?
a) 20
b) 200
c) 300
d) 450

6. Aufgabe
35, 42, 49, 56, ?
a) 61
b) 63
c) 70
d) 77

7. Aufgabe
1, 4, 7, 10, 13, ?
a) 15
b) 16
c) 17
d) 18

8. Aufgabe
2, 1, 3, 0, 4, −1, ?
a) 4
b) 5
c) 6
d) 3

9. Aufgabe
11, 22, 15, 30, 23, 46, ?
a) 69
b) 54
c) 57
d) 39

10. Aufgabe
5, 8, 11, 14, ?
a) 16
b) 17
c) 18
d) 19

11. Aufgabe
16, 32, 64, 128, ?
a) 192
b) 196
c) 256
d) 512

12. Aufgabe
2, 1, 3, 9, 8, 10, 30, ?
a) 32
b) 29
c) 15
d) 90

13. Aufgabe
625, 125, 25, ?
a) 5
b) 15
c) 50
d) 75

14. Aufgabe
−3, 4, -5, 2, −7, 0, ?
a) 8
b) -8
c) 9
d) -9

15. Aufgabe
1, 2, 6, 30, 210, ?
a) 1.890
b) 2.310
c) 1.230
d) 3.210

16. Aufgabe
3, 2, 4, 1, 4, −1, ?
a) −2
b) −6
c) 2
d) 6

Zahlenreihen

17. Aufgabe

| 1 | 7 | 15 | 90 | 630 | 622 | 3.732 |
|---|---|---|---|---|---|---|

a) 26.487    26.143
b) 26.068    26.060
c) 26.124    26.132
d) 27.456    27.423
e) Keine Antwort ist richtig.

18. Aufgabe

| 2 | 7 | 27 | 34 | 61 | 285 | 346 |
|---|---|---|---|---|---|---|

a) 631    2.931
b) 688    1.356
c) 799    2.867
d) 799    3.476
e) Keine Antwort ist richtig.

19. Aufgabe

| 28 | 34 | 49 | 70 | 106 | 163 | 256 |
|---|---|---|---|---|---|---|

a) 365    456
b) 398    465
c) 401    649
d) 406    649
e) Keine Antwort ist richtig.

20. Aufgabe

| 135 | 108 | 207 | 45 | 36 | 69 | 15 |
|---|---|---|---|---|---|---|

a) 13    18
b) 13    19
c) 12    20
d) 12    23
e) Keine Antwort ist richtig.

21. Aufgabe

| 24 | 56 | 284 | 36 | 84 | 426 | 54 |
|---|---|---|---|---|---|---|

a) 126       639
b) 144       686
c) 198       696
d) 213       696
e) Keine Antwort ist richtig.

22. Aufgabe

| 8 | 109 | 117 | 234 | 468 | 936 | 187 |
|---|---|---|---|---|---|---|

a) 476       736
b) 56        7
c) 497       809
d) 77        13
e) Keine Antwort ist richtig.

23. Aufgabe

| 33 | 46 | 62 | 81 | 103 | 128 | 156 |
|---|---|---|---|---|---|---|

a) 187       221
b) 183       249
c) 189       256
d) 206       387
e) Keine Antwort ist richtig.

24. Aufgabe

| 6 | 30 | 15 | 42 | 210 | 105 | 132 |
|---|---|---|---|---|---|---|

a) 554       594
b) 660       330
c) 678       694
d) 734       783
e) Keine Antwort ist richtig.

## 25. Aufgabe

| 11 | 12 | 40 | 63 | 115 | 218 | 396 |

a) 464 598
b) 461 578
c) 502 623
d) 515 648
e) Keine Antwort ist richtig.

## Lösungen

| 1. c) | 10. b) | 19. d) |
|-------|--------|--------|
| 2. a) | 11. c) | 20. d) |
| 3. b) | 12. b) | 21. a) |
| 4. b) | 13. a) | 22. e) |
| 5. c) | 14. d) | 23. a) |
| 6. b) | 15. b) | 24. b) |
| 7. b) | 16. b) | 25. e) |
| 8. b) | 17. e) | |
| 9. d) | 18. a) | |

Zu 1.: c) Die Zahlenreihe folgt dem Muster: + 5, − 2.

Zu 2.: a) Um auf den Wert 66 zu kommen wird von 96 zuerst 9, von diesem Ergebnis 8, anschließend 7 und schlussendlich 6 subtrahiert.

Zu 3.: b) Die Differenz aus den ersten beiden Zahlen wird berechnet, hier 34. So wird von der Zahl 13 die Zahl 34 subtrahiert, um den Folgewert – 21 zu erlangen. Wird die Reihe weiter betrachtet, so steht die 34 als folgende Zahl. Damit ist die Lösung jeweils die Differenz zweier aufeinanderfolgender Werte; zu beachten ist, dass die Differenz nach einer positiven Zahl subtrahiert und nach einer negativen Zahl addiert wird.

Zu 4.: b) Das Muster ist: + 9, − 8, + 7, − 6, + 5, − 4, + 3

Zu 5.: c) Hier lässt sich ein periodisches Muster feststellen: ÷ 10, − 10, × 10

Zu 6.: b) Die Lösung 63 ergibt sich durch wiederholtes Addieren der Zahl 7.

Zu 7.: b) ähnlich wie Aufgabe 6, jedoch durch Addition der Zahl 3

Zu 8.: b) Das Muster ist: − 1, + 2, − 3, + 4, − 5, + 6

Zu 9.: d) Die Zahlenreihe folgt dem Muster: × 2, − 7

Zu 10.: b) siehe Lösung Aufgabe 7

Zu 11.: c) Das Ergebnis 256 erlangt man durch Verdoppelung der Werte.

Zu 12.: b) Das periodische Vorgehen ist definiert durch: − 1, + 2, × 3

Zu 13.: a) Bei jedem Schritt wird durch 5 geteilt.

Zu 14.: d) Die Zahlenreihe folgt dem Muster: + 7, − 9

Zu 15.: b) Die Lösung ist, die ersten fünf Primzahlen jeweils mit dem Ergebnis zuvor zu multiplizieren. So ist $30 \times 7 = 210$ und $210 \times 11 = 2.310$.

Zu 16.: b) Hier wird eine Abfolge von Subtraktion und Multiplikation durchgeführt, wobei von der Zahl 1 hochgezählt wird: − 1, × 2, − 3, × 4, − 5, × 6

## Figuren und Matrizen

Figurenreihen und Matrizen sind ein beliebtes Mittel, um die logische Denkfähigkeit zu testen. Dabei müssen Figurenreihen entweder ergänzt oder Fehler in der Reihe aufgedeckt werden. Dabei ist zu beachten, wie die Form der Figuren aufgebaut ist, welche Positionen diese haben und welche Farben verwendet wurden.

1. Welche Figur passt nicht in die Reihe?

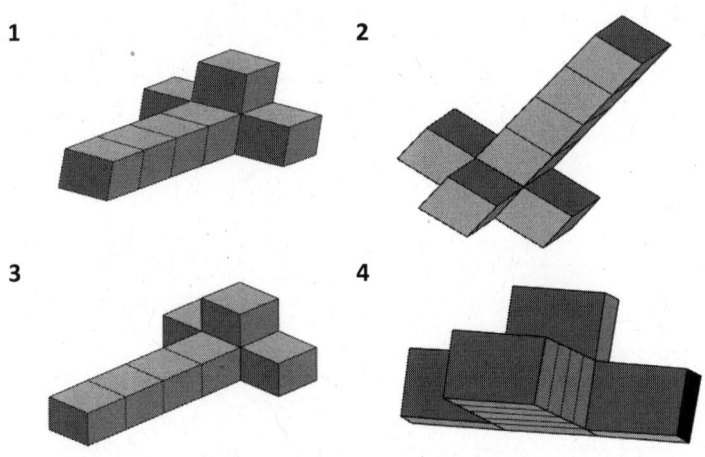

2. Welche Figur passt nicht in die Reihe?

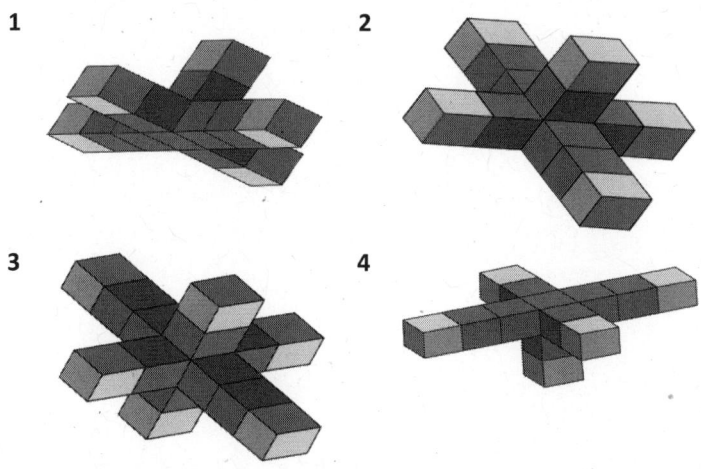

**1**      **2**

**3**      **4**

3. Welche Figur passt nicht in die Reihe?

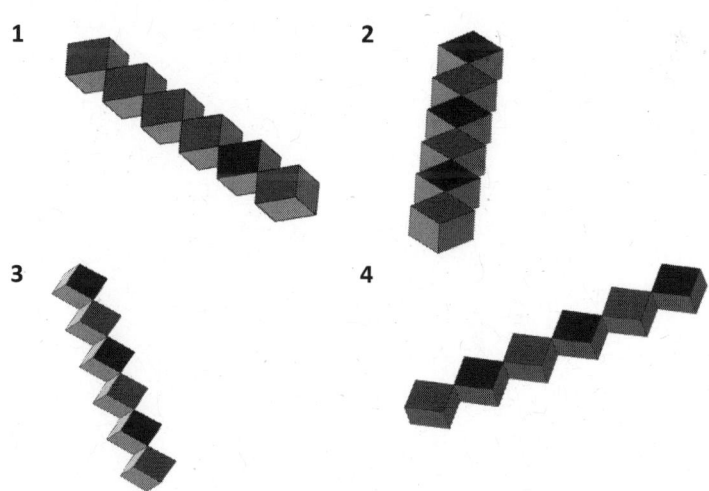

**1**      **2**

**3**      **4**

4. Welche Figur passt nicht in die Reihe?

**1**  **2**

**3**  **4**

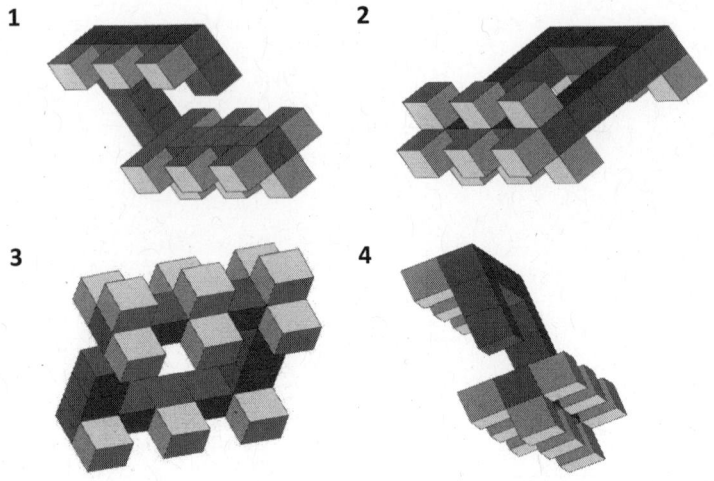

5. Welche Figur passt nicht in die Reihe?

**1**  **2**

**3**  **4**

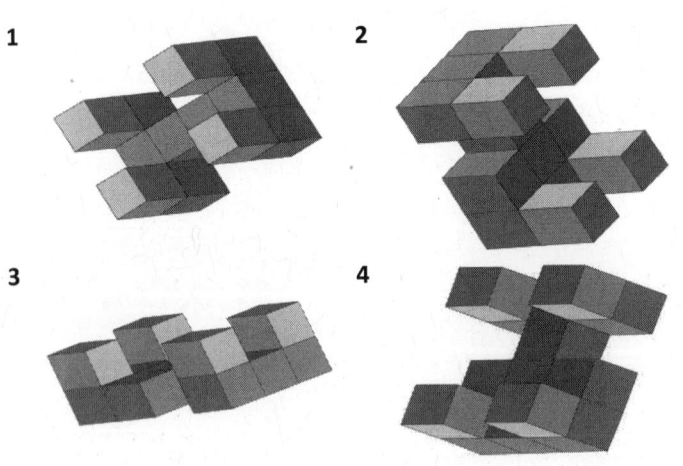

6. Welcher Ausschnitt passt in das leere Feld?

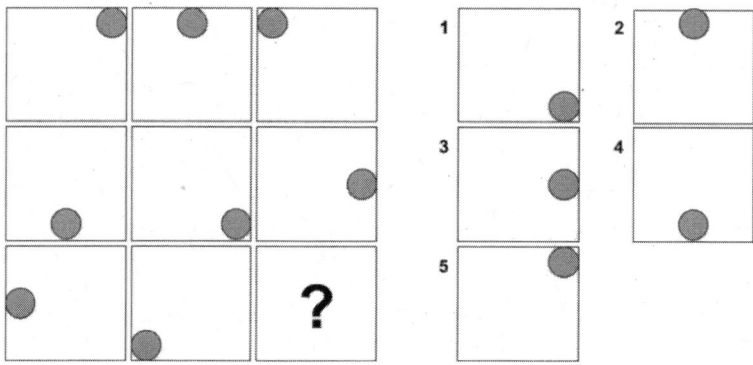

7. Welcher Ausschnitt passt in das leere Feld?

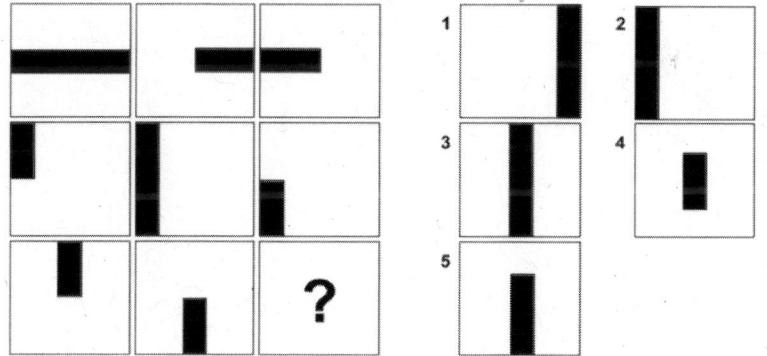

8. Welcher Ausschnitt passt in das leere Feld?

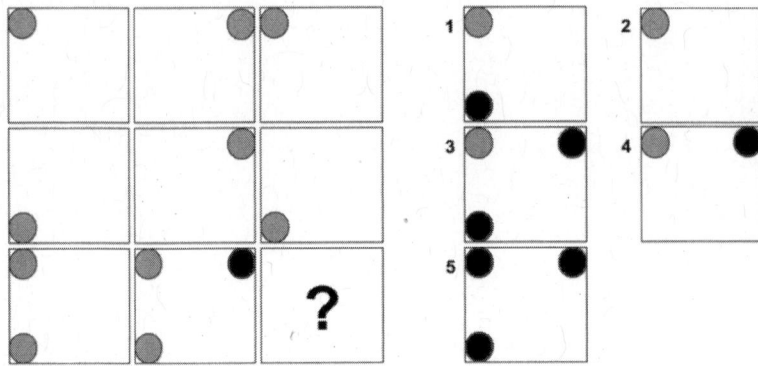

9. Welcher Ausschnitt passt in das leere Feld?

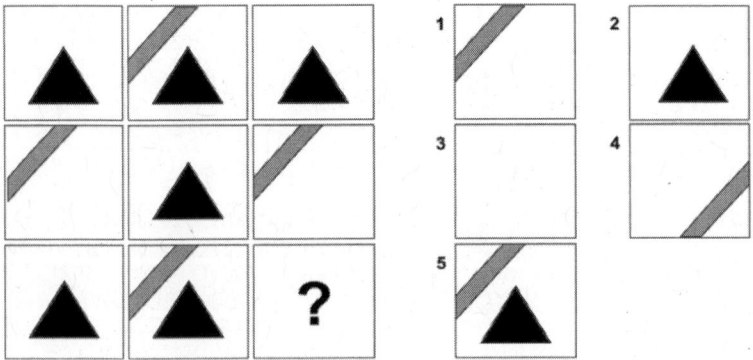

## 10. Welcher Ausschnitt passt in das leere Feld?

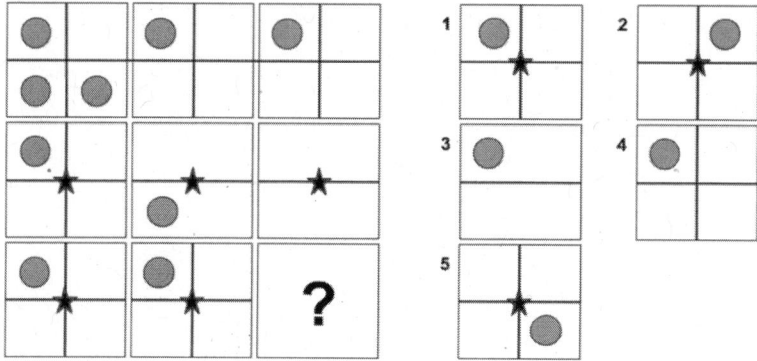

## 11. Welcher Ausschnitt passt in das leere Feld?

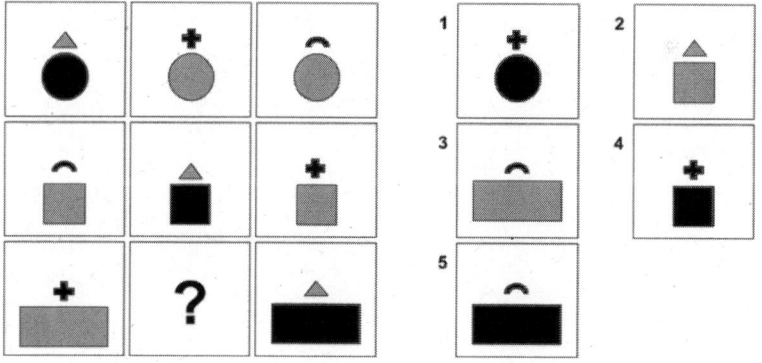

12. Welcher Ausschnitt passt in das leere Feld?

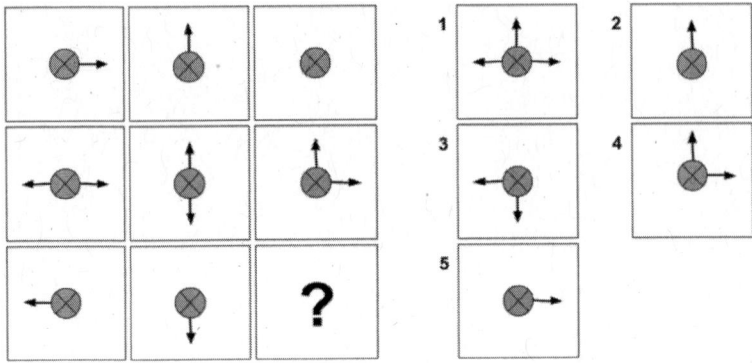

13. Welcher Ausschnitt passt in das leere Feld?

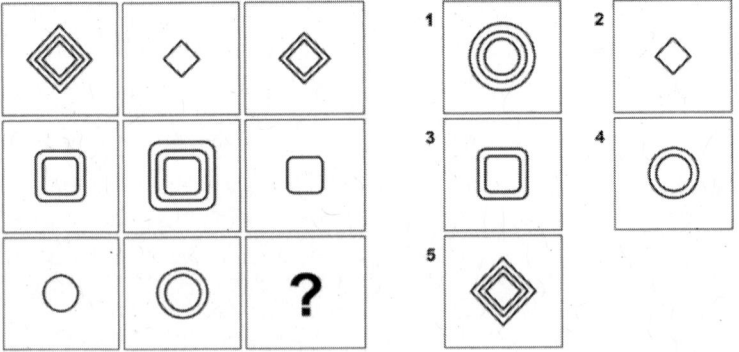

14. Welcher Ausschnitt passt in das leere Feld?

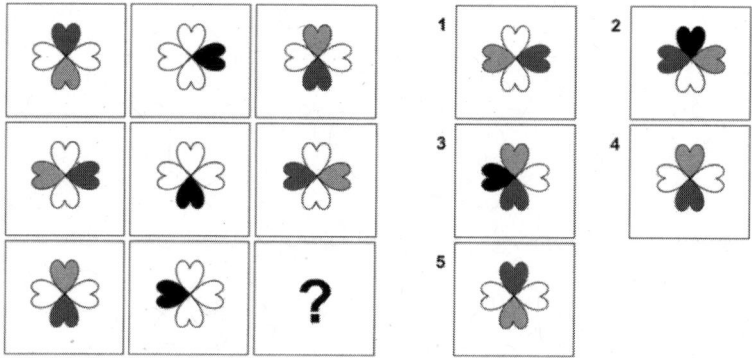

15. Welcher Ausschnitt passt in das leere Feld?

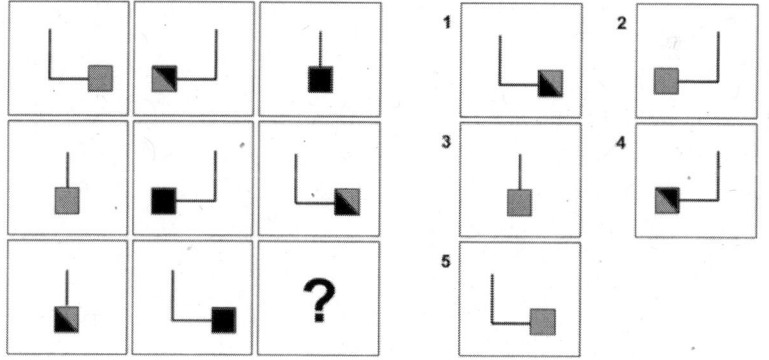

16. Welcher Ausschnitt passt in das leere Feld?

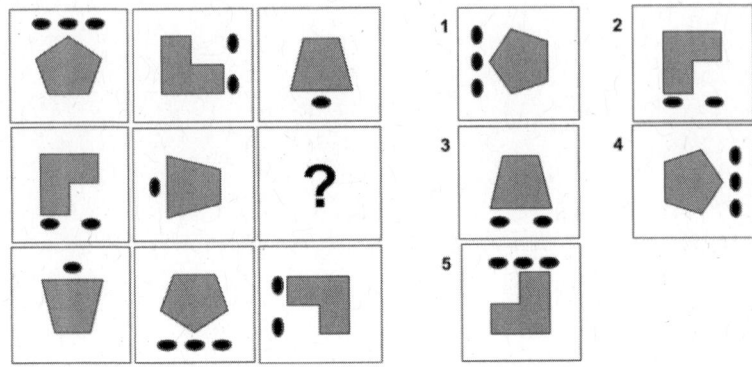

17. Welcher Ausschnitt passt in das leere Feld?

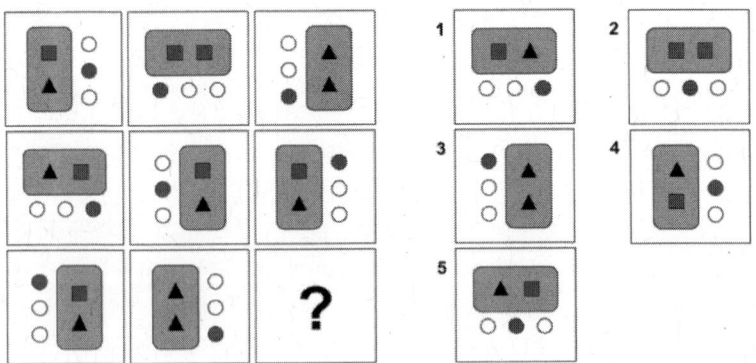

18. Welcher Ausschnitt passt in das leere Feld?

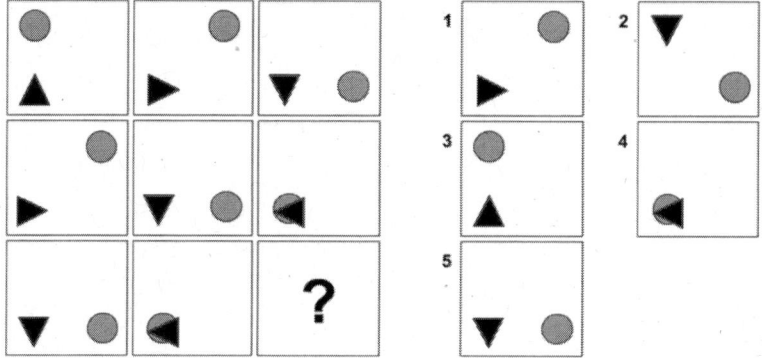

19. Welcher Ausschnitt passt in das leere Feld?

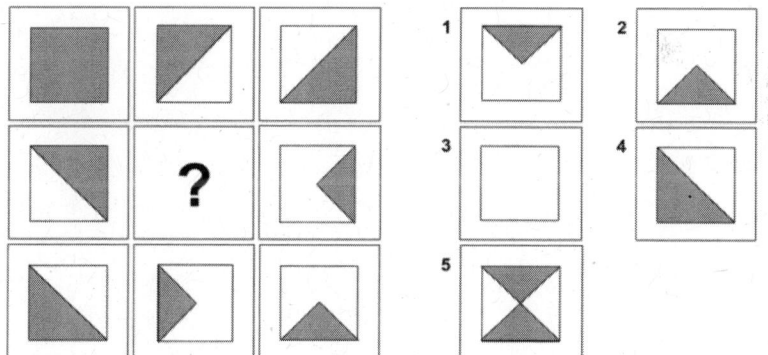

20. Welcher Ausschnitt passt in das leere Feld?

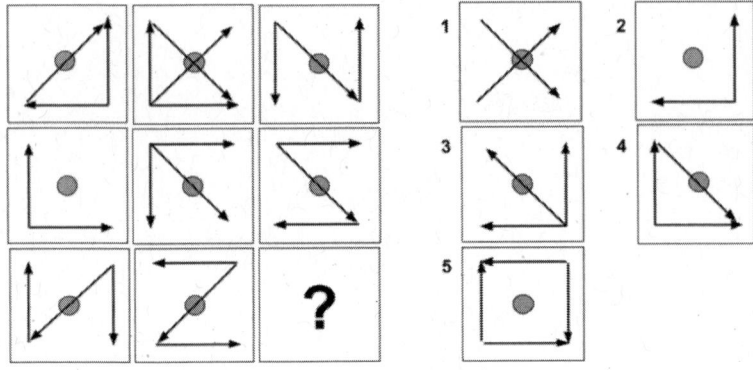

21. Welcher Ausschnitt passt in das leere Feld?

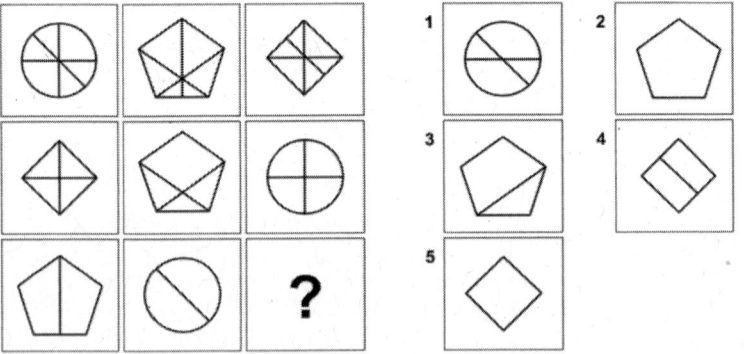

22. Welcher Ausschnitt passt in das leere Feld?

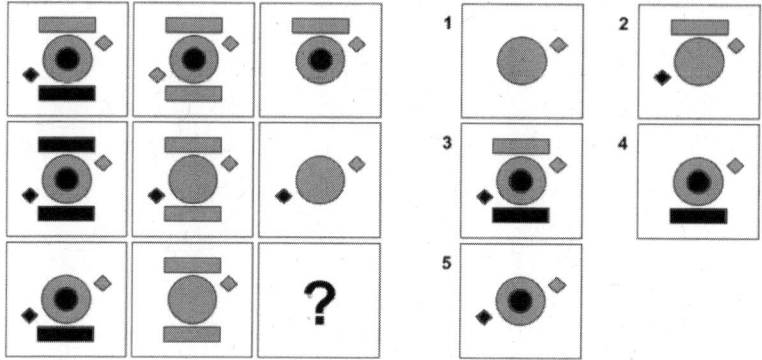

23. Welcher Ausschnitt passt in das leere Feld?

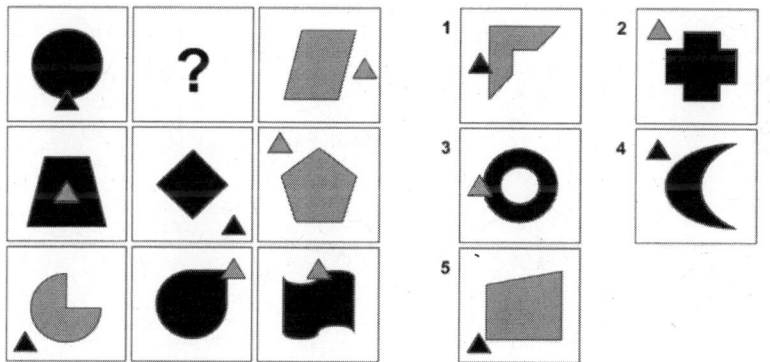

24. Welcher Ausschnitt passt in das leere Feld?

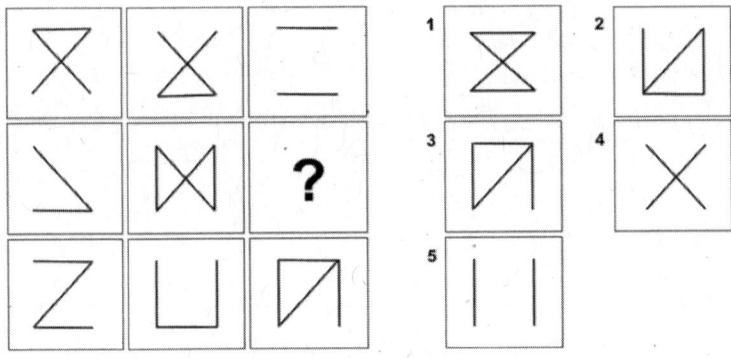

25. Welcher Ausschnitt passt in das leere Feld?

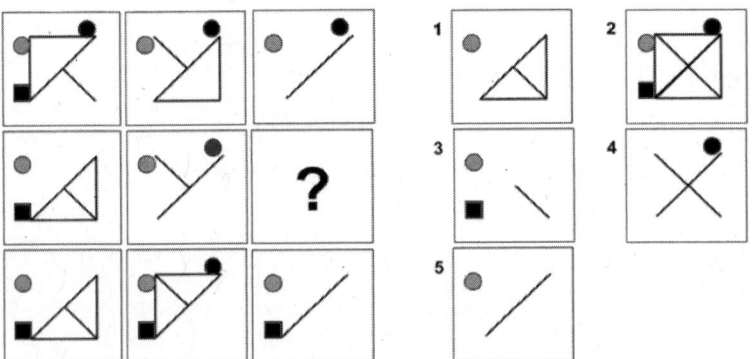

## Lösungen

| | | |
|---|---|---|
| 1. 4 passt nicht | 10. 1 passt | 19. 1 passt |
| 2. 3 passt nicht | 11. 3 passt | 20. 5 passt |
| 3. 1 passt nicht | 12. 4 passt | 21. 4 passt |
| 4. 1 passt nicht | 13. 1 passt | 22. 1 passt |
| 5. 1 passt nicht | 14. 5 passt | 23. 3 passt |
| 6. 4 passt | 15. 2 passt | 24. 2 passt |
| 7. 3 passt | 16. 4 passt | 25. 5 passt |
| 8. 5 passt | 17. 2 passt | |
| 9. 2 passt | 18. 3 passt | |

Zu 6.: 4. Es ist jede Zeile waagrecht zu betrachten. Die Kreise bewegen sich dabei gegen den Uhrzeigersinn eine Position weiter.

Zu 7.: 3. In den waagrechten Reihen ergeben die jeweils zwei kürzeren Striche zusammengesetzt die dritte Figur.

Zu 8.: 5. Das unterste Kästchen der ersten Spalte ergibt sich aus der Kombination der zwei darüber. Das unterste Kästchen der zweiten Spalte setzt sich ebenfalls aus den zwei darüber liegenden zusammen. Dabei überlappen sich zwei graue Kreise und ändern dadurch die Farbe zu schwarz. Zudem wird das unterste Kästchen der ersten Spalte hinzugefügt. Somit ergibt sich das gesuchte Kästchen aus den zwei darüberliegenden und den zwei links davon liegenden Kästchen. Auch hier färben sich überlappende Kreise schwarz.

Zu 9.: 2. Das mittlere Kästchen ist jeweils umgeben von identischen Figuren.

Zu 10.: 1. Die dritte Figur in der letzten Spalte setzt sich aus den Elementen der ersten beiden zusammen. Nur gemeinsame Elemente werden übernommen.

Zu 11.: 3. Horizontal ist in jeder Reihe die untere Figur gleich, davon zwei grau und eine schwarz. Das obere kleine Symbol muss in jeder horizontalen Reihe je einmal vorkommen.

Zu 12.: 4. Das Symbol der mittleren Reihe ergibt sich jeweils aus der Kombination des Kästchens darüber und darunter.

Zu 13.: 1. In jeder horizontalen Reihe muss die Figur jeweils ein-, zwei- und dreischichtig abgebildet sein.

Zu 14.: 5. Das Symbol wird in der vertikalen Reihe schrittweise jeweils um 90° im Uhrzeigersinn gedreht.

Zu 15.: 2. In jeder horizontalen Reihe muss eine Figur links, rechts und mittig angeordnet sein. Dabei soll eine schwarze, graue und schwarz-graue Figur vorkommen.

Zu 16.: 4. Jede Figur wird schrittweise pro Reihe um 90° im Uhrzeigersinn gedreht und muss je einmal vorkommen.

Zu 17.: 2. In jeder Reihe – egal ob horizontal oder vertikal – muss immer je einmal der kleine Kreis rechts, links und mittig dunkelgrau sein. Außerdem müssen entweder alle drei Figuren einer Reihe ein schwarzes Dreieck und ein dunkelgraues Viereck haben oder eines aus zwei schwarzen Dreiecken, eines aus zwei dunkelgrauen Vierecken und ein gemischtes vorhanden sein. Das ganze Gebilde muss zudem je Reihe nach rechts, links und unten ausgerichtet sein.

Zu 18: 3. Der hellgraue Kreis rotiert pro Figur jeweils von Ecke zu Ecke im Uhrzeigersinn. Das schwarze Dreieck bleibt dabei fest in einer Ecke und dreht sich jeweils um sich selbst um 90° im Uhrzeigersinn.

Zu 19.: 1. Zwei Figuren einer Reihe ergeben zusammengesetzt die dritte.

Zu 20.: 5. Die Figuren in der dritten Spalte ergeben sich durch das Zusammensetzen der zwei Figuren davor. Dabei werden sich überlappende Linien bzw. Pfeile gestrichen und nur die sich nicht überschneidenden Linien bleiben erhalten.

Zu 21.: 4. In jeder waagrechten Reihe befinden sich je ein Kreis, ein Quadrat und ein Fünfeck. Mit jeder Reihe nach unten nimmt die Anzahl der Striche ab – drei, zwei und zuletzt ein Strich.

Zu 22.: 1. Die dritte Figur in jeder Zeile setzt sich aus den Elementen der ersten beiden zusammen. Übernommen werden jedoch nur gemeinsame Elemente.

Zu 23.: 3. Die kleinen Dreiecke gehen alle Positionen im Kasten einmal durch – die einzige Position, die fehlt, ist mittig links. Dabei befinden sich in jeder waagrechten Seite zwei graue und ein schwarzes kleines Dreieck. Von den großen Figuren sind jeweils zwei schwarz und eine grau.

Zu 24.: 2. Die dritte Figur in jeder Zeile setzt sich aus den Elementen der ersten beiden zusammen. Gemeinsame Elemente werden jedoch nicht übernommen.

Zu 25: 5. Die dritte Figur in der letzten Spalte setzt sich aus den Elementen der ersten beiden zusammen. Nur gemeinsame Elemente werden übernommen.

## Grundrechenaufgaben

Löse alle Aufgaben ohne Taschenrechner. Du darfst Nebenrechnungen auf ein Notizblatt machen. Schreibe die Ergebnisse ohne Trennung von Punkten. Beispiel: falsch = 12.500, richtig = 12500

Wie lautet das Ergebnis für die folgenden Aufgaben?

Zeit: **20 Minuten**

1. Aufgabe
5.473 + 8.569

2. Aufgabe
17.916,72 + 12.480,47

3. Aufgabe
4.982 + 1.675 + 3.102

4. Aufgabe
6.725 – 544 – 2.397

5. Aufgabe
548.912 – 375.869

6. Aufgabe
163.755 + 45.843 – 89.270

7. Aufgabe
75.178 – 69.430 – 390,75

8. Aufgabe
25.482,32 – 24.921,75

9. Aufgabe
9.489 x 8.112

10. Aufgabe
2.552 ÷ 44

11. Aufgabe
580,79 x 725,40

12. Aufgabe
12,15 x 0,08

13. Aufgabe
25,47 x 8,13

14. Aufgabe
989 ÷ 23

15. Aufgabe
26.415 ÷ 45

16. Aufgabe
380.138 ÷ 11

## Lösungen: Grundrechenaufgaben

| | | |
|---|---|---|
| 1. 14042 | 7. 5357,25 | 13. 207,0711 |
| 2. 30397,19 | 8. 560,57 | 14. 43 |
| 3. 9759 | 9. 76974768 | 15. 587 |
| 4. 3784 | 10. 58 | 16. 34558 |
| 5. 173043 | 11. 421305,066 | |
| 6. 120328 | 12. 0,972 | |

## Rechenoperationen einsetzen

Bei dieser Aufgabe musst du die fehlenden Rechenzeichen ( +, −, ×, ÷) in die Lücken einfügen, um auf das jeweilige Endergebnis zu kommen.
Beim Lösen der Gleichungen gilt die Punkt- vor Strichrechnung.

Beispiel:
20 ___ 3 ___ 6 = 2

Die einzige Möglichkeit, um auf das korrekte Ergebnis zu kommen, ist:
$20 - 3 \times 6 = 20 - 18 = 2$

Zeit: **10 Minuten**

1. 16 ___ 13 ___ 3 = 6

2. 11 ___ 16 ___ 2 = 3

3. 12 ___ 2 ___ 4 = 14

4. 10 ___ 14 ___ 2 = 17

5. 4 ___ 8 ___ 19 = 51

6. 3 ___ 5 ___ 9 = 48

7. 8 ___ 13 ___ 13 = 7

8. 6 ___ 7 ___ 3 = 45

9. 16 ___ 3 ___ 4 = 4

10. 23 ___ 24 ___ 2 = 71

11. 1 ___ 12 ___ 4 = 3

12. 13 ___ 4 ___ 7 = 41

13. 3 ___ 10 ___ 5 = 1

14. 15 ___ 10 ___ 4 = 154

15. 10 ___ 6 ___ 15 = 19

16.     9 ___ 2 ___ 5 = 13

17.     28 ___ 22 ___ 11 = 26

18.     26 ___ 26 ___ 22 = 74


**Lösungen**

Zu 1.: $16 - 13 + 3 = 6$

Zu 2.: $11 - 16 \div 2 = 11 - 8 = 3$

Zu 3.: $12 - 2 + 4 = 14$

Zu 4.: $10 + 14 \div 2 = 10 + 7 = 17$

Zu 5.: $4 \times 8 + 19 = 32 + 19 = 51$

Zu 6.: $3 + 5 \times 9 = 3 + 45 = 48$

Zu 7.: $8 - 13 \div 13 = 8 - 1 = 7$

Zu 8.: $6 \times 7 + 3 = 42 + 3 = 45$

Zu 9.: $16 - 3 \times 4 = 16 - 12 = 4$

Zu 10.: $23 + 24 \times 2 = 23 + 48 = 71$

Zu 11.: $1 \times 12 \div 4 = 12 \div 4 = 3$

Zu 12.: $13 + 4 \times 7 = 13 + 28 = 41$

Zu 13.: $3 - 10 \div 5 = 3 - 2 = 1$

Zu 14.: $15 \times 10 + 4 = 150 + 4 = 154$

Zu 15.: $10 - 6 + 15 = 19$

Zu 16.: $9 \times 2 - 5 = 18 - 5 = 13$

Zu 17.: $28 - 22 \div 11 = 28 - 2 = 26$

Zu 18.: $26 + 26 + 22 = 74$

## Kopfrechnen

Deine mathematischen Fähigkeiten können unter anderem durch verschiedene Kopfrechenaufgaben geprüft werden. Dabei sind alle Grundrechenarten, Wurzelziehen, Potenzen sowie Bruchrechnung von Belang.

Dir steht, wie auch beim richtigen Test, sehr wenig Zeit zur Verfügung. Wenn du nicht alle Aufgaben in der Zeit schaffst, ist das in Ordnung! Lasse dich nicht aus der Ruhe bringen. Rechne alle Aufgaben konzentriert und zügig durch.

Zeit: **4 Minuten**

1. Aufgabe
$\sqrt{121} = ?$

2. Aufgabe
$21^2 = ?$

3. Aufgabe
$44 + 17 + 88 = ?$

4. Aufgabe
$2.347 - 479 - 23 = ?$

5. Aufgabe
$24 \times 24 = ?$

6. Aufgabe
$57 \times 7 = ?$

7. Aufgabe
$13 \times 21 = ?$

8. Aufgabe
$4.619 + 193 - 348 = ?$

9. Aufgabe
$7 \times 31 - 30 = ?$

10. Aufgabe
$721 - 47 + 98 = ?$

11. Aufgabe
$12 \times 13 = ?$

12. Aufgabe
$35 \div 5 = ?$

13. Aufgabe
$23 \times 51 = ?$

14. Aufgabe
$15 \times 11 - 63 + 52 = ?$

15. Aufgabe
$57 + 14 + 36 = ?$

16. Aufgabe
$(5 + 3)^2 - 10 = ?$

17. Aufgabe
$14 \times 12 - 15 = ?$

18. Aufgabe
79 − 35 + 88 = ?

19. Aufgabe
56 − 28 = ?

20. Aufgabe
42 ÷ 6 = ?

Lösungen: Kopfrechnen

| | | |
|---|---|---|
| 1. 11 | 8. 4.464 | 15. 107 |
| 2. 441 | 9. 187 | 16. 54 |
| 3. 149 | 10. 772 | 17. 153 |
| 4. 1.845 | 11. 156 | 18. 132 |
| 5. 576 | 12. 7 | 19. 28 |
| 6. 399 | 13. 1.173 | 20. 7 |
| 7. 273 | 14. 154 | |

# Ergebnisse schätzen

Rechne das Ergebnis nicht genau aus, sondern schätze es. Das heißt, überschlage es grob oder stelle kurze rechnerische Überlegungen an.

Zeit: **10 Minuten**

1. Aufgabe: $548 \times 315 =$
a) 155.200
b) 175.644
c) 182.141
d) 172.620

2. Aufgabe: $17.495 - 8.795 - 712 =$
a) 7.988
b) 8.088
c) 8.112
d) 7.898

3. Aufgabe: $25.187 + 12.327 + 37.589 =$
a) 74.895
b) 75.235
c) 74.903
d) 75.103

4. Aufgabe: $389.455 - 294.981 =$
a) 93.974
b) 94.474
c) 89.740
d) 104.447

5. Aufgabe: $3.840 \times 1.420 =$
a) 580.688
b) 3.880.120
c) 7.564.110
d) 5.452.800

6. Aufgabe: $47 \times 98 + 1.223 =$
a) 15.023
b) 5.829
c) 6.145
d) 5.459

7. Aufgabe: $49 \times 49 =$
a) 2.501
b) 2.401
c) 2.081
d) 2.481

8. Aufgabe: 69,2 % von 1.845 =
a) 1.195,45
b) 1.412,37
c) 1.276,74
d) 1.588,89

9. Aufgabe: $3,2 \times 6,7 =$
a) 21,44
b) 21
c) 22,14
d) 19,4

10. Aufgabe: 3,2 cm von 11,8 cm =
a) ≈ 27,11 %
b) ≈ 29,88 %
c) ≈ 24,56 %
d) ≈ 35,12 %

11. Aufgabe: 367,85 – 184,6 + 1.302,66 =
a) 1.405,81
b) 1.630,91
c) 1.485,91
d) 1.508,11

12. Aufgabe: 36.340 ÷ 92 =
a) 395
b) 508
c) 421
d) 348

13. Aufgabe: 23,23 – 14,5 + 6,06 =
a) 2,67
b) 13,79
c) 15,97
d) 14,79

14. Aufgabe: 8.589.723 – 6.993.930 =
a) 1.605.793
b) 1.495.883
c) 995.643
d) 1.595.793

15. Aufgabe: $85^2$ =
a) 8.100
b) 7.225
c) 7.921
d) 6.825

16. Aufgabe: 6 € von 4,00 €=
a) 145 %
b) 150 %
c) 135 %
d) 160 %

Lösungen: Ergebnisse schätzen

| | | |
|---|---|---|
| 1. d) | 7. b) | 13. d) |
| 2. a) | 8. c) | 14. d) |
| 3. d) | 9. a) | 15. b) |
| 4. b) | 10. a) | 16. b) |
| 5. d) | 11. c) | |
| 6. b) | 12. a) | |

Zu 1. d) Berechne die letzte Ziffer 5 × 8=40. Die letzte Ziffer muss also 0 sein. Rechne vereinfacht 5,5 × 3 = 16,5. Das Ergebnis liegt also über 160.000 somit kommt nur 172.620 in Frage.

Zu 2. a) Berechne die letzten Ziffern 95 − 95 − 12 = 88. Die letzte Ziffer muss also 88 sein. Überschlage den Rest, das Ergebnis muss unter 8.000 liegen. Somit kommt nur 7.988 in Frage.

Zu 3. d) Berechne die letzte Ziffer 7 + 7 + 9 = 23. Die letzte Ziffer muss also 3 sein. Per Überschlag mit gerundeten Werten stellt man außerdem fest, dass die Lösung über 75.000 ist.

Zu 4. b) Berechne die letzte Ziffer 5 − 1 = 4. Die letzte Ziffer muss also 4 sein. Nach Abzug mit gerundeten Werten muss das Ergebnis bei rund 95.000 liegen.

Zu 5. d) Berechne die letzte Ziffer 0 x 0 = 0. Die letzte Ziffer muss also 0 sein. Rechne vereinfacht 4 × 1,5 = 6 und 4 × 1 = 4. Das Ergebnis muss also kleiner als 6 und größer als 4 sein.

Zu 6. b) Berechne die letzte Ziffer 7 × 8 + 3 = 59. Die letzte Ziffer muss also 9 sein. Vereinfacht kann man dann 4,7 × 10 rechnen. 4.700 + 1.200 = 5.900, das Ergebnis muss also bei diesem Wert liegen. Hier kommt nur 5.829 in Frage.

Zu 7. b) Berechne die letzte Ziffer 9 × 9 = 81. Die letzte Ziffer muss also 1 sein. Wenn du per Überschlag mit 50 × 50 (5 × 5 = 25) rechnest, erhältst du 2.500. Der Wert muss aber mindesten um 98 (49 + 49) darunter liegen.

Zu 8. c) Für die Schätzung empfiehlt es sich, zuerst den Anteil von 10 % zu bestimmen: 1.845 ÷ 10 = 184,5. Da der Anteil bei gut 70 % liegt, kannst du jetzt vereinfacht rechnen: 18 × 7 = 126 (1.260). Das Ergebnis muss also bei einem Wert von 1.260 liegen.

Zu 9. a) Berechne die letzte Ziffer 2 × 7 = 14. Die letzte Ziffer muss also 4 sein. Rechne nun mit gerundeten Werten von 3 × 7 = 21. Die Lösung muss also in diesem Bereich liegen. Hier trifft nur 21,44 zu.

Zu 10. a) Hier empfiehlt es sich, die beiden Zahlen erst auf- bzw. abzurunden. Rechne nun mit den Zahlen 3 und 12. 3 cm sind 25 % von 12 cm (12 ÷ 3 = 4, 100 ÷ 4 = 25). Der Prozentwert liegt also bei 25 %. Da wir aber mit gerundeten Zahlen grob gerechnet haben, muss die Lösung etwas mehr als 25 % betragen.

Zu 11. c) Berechne die Nachkommastellen: 85 − 60 + 66 = 91. Die letzte Ziffer muss also 91 sein. Per Überschlag der restlichen Zahlen stellst du fest, dass das Ergebnis bei rund 1.500 liegen muss.

Zu 12. a) Um hier annähernd zum Ergebnis zu kommen, müssen erst einmal beide Zahlen gerundet werden. Wir runden wie folgt: 36.000 ÷ 90 = 400. Auch vereinfacht: 36 ÷ 9 = 4. Das Ergebnis liegt also bei etwa 400.

Zu 13. d) Berechne die letzte Ziffer 23 − 50 + 0,6 = 79. Per Überschlag erhältst du einen restlichen Wert von 15. Die Lösung muss also knapp darunter liegen.

Zu 14. d) Die Berechnung durch die letzte Ziffer kannst du dir hier sparen, da sie bei allen Lösungen 3 ist. Rechne mit aufgerundeten Millionenwerten: 8,6 − 7 = 1,6 (1.600.000). Da mit aufgerundeten Werten gerechnet wurde, muss das Ergebnis knapp darunter liegen.

Zu 15. b) Hier empfiehlt es sich, die Quadratzahlen bis 100 auswendig zu können. Die letzte Ziffer lässt sich berechnen: 5 × 5 = 25. Die letzte Ziffer ist also 5. Eine mögliche Rechnung sieht wie folgt aus: 8,5 × 8,5 = 72,25. Besser lässt es sich rechnen, wenn du eine 0,5 zu der anderen Zahl addierst: 8 × 9 = 72 (72 × 100 = 7.200) Nun bist du der Lösung schon sehr nah gekommen.

Zu 16. b) Hier bietet sich eine einfache Rechnung an. Wenn die 4 € 100 % sind, dann sind 8 € 200 %. Da der Wert aber nur um 2 € steigt, steigt der Prozentwert auch nur um 50 %.

## Maße und Einheiten

Bei dieser Aufgabe musst du Maße und Einheiten umrechnen.

Zeit: **5 Minuten**

1. Wie viele Kubikzentimeter sind 775 Liter?
a) 77.500
b) 750
c) 7.500
d) 775.000

2. Wie viele Kilogramm sind 0,23 Tonnen?
a) 230
b) 23
c) 23.000
d) 2.300

3. Wie viele Meter sind 5.300 Zentimeter?
a) 5,3
b) 53
c) 530
d) 50,3

4. Wie viele Quadratmeter sind 420 Quadratzentimeter?
a) 42
b) 0,042
c) 4,2
d) 0,0042

5. Wie viele Gramm sind 2,5 Zentner?
a) 250.000
b) 1.250.000

c) 125.000
d) 12.500

6. Wie viele Hektar sind 6.400 Quadratmeter?
a) 0,64
b) 6,4
c) 64
d) 0,064

7. Wie viele Dezimeter sind 0,8 Kilometer?
a) 8.000
b) 800
c) 80.000
d) 800.000

8. Wie viele Liter sind 0,93 Milliliter?
a) 0,0093
b) 0,093
c) 0,00093
d) 0,000093

9. Wie viele Tage sind 432.000 Sekunden?
a) 7
b) 5
c) 2
d) 9

10. Wie viele Zentner sind 2.325 Kilogramm?
a) 93
b) 23,25
c) 46,5
d) 465

## Lösungen: Maße und Einheiten

| 1. d) | 5. c) | 9. b) |
|-------|-------|--------|
| 2. a) | 6. a) | 10. c) |
| 3. b) | 7. a) | |
| 4. b) | 8. c) | |

Zu 1. d) Ein Liter sind 1.000 Kubikzentimeter, also entsprechen 775 Liter 775.000 Kubikzentimeter: 775 x 1.000 cm³ = 775.000 cm³

Zu 2. a) Eine Tonne sind 1.000 Kilogramm, also entsprechen 0,23 Tonnen 230 Kilogramm: 0,23 x 1.000 kg = 230 kg

Zu 3. b) Ein Meter sind 100 Zentimeter, also entsprechen 5.300 Zentimeter 53 Meter: 5.300 ÷ 100 cm = 53 m

Zu 4. b) Ein Quadratmeter sind 10.000 Quadratzentimeter, also entsprechen 420 Quadratzentimeter 0,042 Quadratmeter: 420 ÷ 10.000 m² = 0,042 m²

Zu 5. c) Ein Zentner sind 50 Kilogramm und ein Kilogramm entsprechen 1.000 Gramm bzw. 50 Kilogramm sind 50.000 Gramm, also entsprechen 2,5 Zentner 125.000 Gramm: 2,5 x 50.000 g = 125.000 g

Zu 6. a) Ein Hektar sind 10.000 Quadratmeter, also entsprechen 6.400 Quadratmeter 0,64 Hektar: 6.400 ÷ 10.000 m² = 0,64 ha

Zu 7. a) Ein Kilometer sind 1.000 Meter bzw. 10.000 Dezimeter, also entsprechen 0,8 Kilometer 8.000 Dezimeter: 0,8 x 10.000 dm = 8.000 dm

Zu 8. c) Ein Liter sind 1.000 Milliliter, also entsprechen 0,93 Milliliter 0,00093 Liter: 0,93 ÷ 1.000 ml = 0,00093 l

Zu 9. b) Ein Tag sind 24 Stunden bzw. 1.440 Minuten bzw. 86.400 Sekunden, also entsprechen 432.000 Sekunden 5 Tage: 432.000 ÷ 60 ÷ 60 ÷ 24 = 5

Zu 10. c) Ein Zentner sind 50 Kilogramm, also entsprechen 2.325 Kilogramm 46,5 Zentner: 2.325 ÷ 50 kg = 46,5 Ztr

# Geometrie

Bei dieser Aufgabe musst du die fehlenden Ergebnisse für die jeweiligen Flächen und Körper berechnen. Bitte runde die Ergebnisse auf beziehungsweise rechne bis zur dritten Nachkommastelle. Trage die Lösungen in die freien Felder ein.

Zeit: **15 Minuten**

1. Ergänze das Rechteck.
Seite a:          6
Seite b:          ____
Flächeninhalt:    ____
Umfang:           32

2. Ergänze das Rechteck.
Seite a:          6
Seite b:          4
Flächeninhalt:    ____
Umfang:           ____

3. Ergänze das Rechteck.
Seite a:          ____
Seite b:          8
Flächeninhalt:    192
Umfang:           ____

4. Ergänze das Rechteck.
Seite a:          14
Seite b:          ____
Flächeninhalt:    ____
Umfang:           52

5. Ergänze den Würfel.
Seite a:          10
Grundfläche:      ____
Oberfläche:       ____
Volumen:          ____

6. Ergänze den Würfel.
Seite a:          ____
Grundfläche:      ____
Oberfläche:       ____
Volumen:          2.744

7. Ergänze den Würfel.
Seite a:          ____
Grundfläche:      ____
Oberfläche:       4.056
Volumen:          ____

8. Ergänze den Würfel.
Seite a:          ____
Grundfläche:      36
Oberfläche:       ____
Volumen:          ____

9. Ergänze den Kreis.
Radius:           ____
Durchmesser:      ____
Umfang:           ____
Flächeninhalt:    50,265

10. Ergänze den Kreis.
Radius:           ____
Durchmesser:      ____
Umfang:           119,381
Flächeninhalt:    ____

## Lösungen: Geometrie

| Zu 1.: | | Zu 6.: | |
|---|---|---|---|
| Seite a: | 6 | Seite a: | 14 |
| Seite b: | 10 | Grundfläche: | 196 |
| Flächeninhalt: | 60 | Oberfläche: | 1.176 |
| Umfang: | 32 | Volumen: | 2.744 |

| Zu 2.: | | Zu 7.: | |
|---|---|---|---|
| Seite a: | 6 | Seite a: | 26 |
| Seite b: | 4 | Grundfläche: | 676 |
| Flächeninhalt: | 24 | Oberfläche: | 4.056 |
| Umfang: | 20 | Volumen: | 17.576 |

| Zu 3.: | | Zu 8.: | |
|---|---|---|---|
| Seite a: | 24 | Seite a: | 6 |
| Seite b: | 8 | Grundfläche: | 36 |
| Flächeninhalt: | 192 | Oberfläche: | 216 |
| Umfang: | 64 | Volumen: | 216 |

| Zu 4.: | | Zu 9.: | |
|---|---|---|---|
| Seite a: | 14 | Radius: | 4 |
| Seite b: | 12 | Durchmesser: | 8 |
| Flächeninhalt: | 168 | Umfang: | 25,133 |
| Umfang: | 52 | Flächeninhalt: | 50,265 |

| Zu 5.: | | Zu 10.: | |
|---|---|---|---|
| Seite a: | 10 | Radius: | 19 |
| Grundfläche: | 100 | Durchmesser: | 38 |
| Oberfläche: | 600 | Umfang: | 119,381 |
| Volumen: | 1.000 | Flächeninhalt: | 1.134,115 |

**Rechteckberechnung**

Flächeninhalt $A = a \times b$

Umfang $U = 2 \times a + 2 \times b$

**Würfelberechnung**

Grundfläche $A = a \times b$

Oberfläche $O = 6 \times A$

Volumen $V = A^3$ ($a \times a \times a$)

**Kreisberechnung**

Radius $r = d \div 2$

Durchmesser $d = 2 \times r$

Umfang $U = d \times \pi$

Flächeninhalt $A = \pi \times r^2$

## Symbolrechnen

In dieser Aufgabe musst du die Symbole durch Zahlen ersetzen, dabei stehen gleiche Symbole für gleiche Zahlen. Ein Symbol kann mit einer Zahl von 0 bis 9 ersetzt werden. Zeit: **10 Minuten**

1. Welche Zahl steht für $\Delta$?

$\Delta \times \Delta\Delta = \Omega\Omega$

a) 4
b) 9
c) 3
d) 1

2. Welche Zahl steht für O?

$\Pi + O - O - O = \Pi$

a) 2
b) 0
c) 3
d) 6

3. Welche Zahl steht für $\Lambda$?

$\Lambda \times \Lambda = \Lambda + \Lambda$

a) 2
b) 3
c) 6
d) 1

4. Welche Zahl steht für $\Pi$?

$\Delta\Pi \times \Psi = \Psi\Pi$

a) 1
b) 7
c) 2
d) 0

5. Welche Zahl steht für $\Pi$?

$TX\text{Ш} - \Sigma = \Pi\Pi$

a) 9
b) 5
c) 7
d) 1

6. Welche Zahl steht für $\Omega$?

$\Lambda\Lambda + \Lambda\Omega = \Omega X$

a) 2
b) 0
c) 5
d) 4

7. Welche Zahl steht für $\Pi$?

$(\Pi + \Pi) \times (\Pi + \Pi) = \Pi\Psi$

a) 3
b) 6
c) 2
d) 4

8. Welche Zahl steht für $\Delta$?

$\Delta\text{Ш} \div \text{Ш} = \text{Ш}$

a) 7
b) 4
c) 5
d) 2

9. Welche Zahl steht für $\Omega$?

$\Pi\Pi^2 = \Pi\Omega\Pi$

a) 1
b) 4
c) 2
d) 8

10. Löse alle Symbole.

$\Lambda\Pi - O\Delta = \Psi X$

$\div \Lambda \times \Lambda = OX -$

$= O\Delta + \Pi = \Delta\Sigma$

Λ =                                  Ψ =
Π =                                  X =
O =                                  Σ =
Δ =


## Lösungen: Symbolrechnen

| 1. c) | 5. a) | 9. c) |
|-------|-------|-------|
| 2. b) | 6.) d) | 10. siehe unten |
| 3. a) | 7. a) | |
| 4. d) | 8. d) | |

Zu 1.: c) 3
Δ × ΔΔ = ΩΩ
3 × 33 = 99

Zu 2.: b) 0
Π + O − O − O = Π
O steht für die Zahl 0. Für das Symbol Π kann jede Zahl von 1 bis 9 eingesetzt werden.
2 + 0 - 0 - 0 = 2

Zu 3.: a) 2
Λ × Λ = Λ + Λ
2 × 2 = 2 + 2

Zu 4.: d) 0
ΔΠ × Ψ = ΨΠ
Π steht für die Zahl 0. Für das Symbol Ψ kann jede Zahl von 1 bis 9 eingesetzt werden.
10 × 4 = 40

Zu 5.: a) 9
TXШ − Σ = ΠΠ

Π steht für die Zahl 9.
Für die erste Symbolreihe kommen mehrere Zahlen in Frage.
102 − 3 = 99 | 103 − 4 = 99 | 104 − 5 = 99 usw.

Zu 6.: d) 4
ΛΛ + ΛΩ = ΩΧ
22 + 24 = 46

Zu 7.: a) 3
(Π + Π) × (Π + Π) = ΠΨ
(3 + 3) × (3 + 3) = 36

Zu 8.: d) 2
ΔШ ÷ Ш = Ш
25 ÷ 5 = 5

Zu 9.: c) 2
$ΠΠ^2 = ΠΩΠ$
$11^2 = 121$

Zu 10.:
ΛΠ − ΟΔ = ΨΧ
÷ Λ × Λ = ΟΧ −
= ΟΔ + Π = ΔΣ

Λ = 4
Π = 8
Ο = 1
Δ = 2
Ψ = 3
Χ = 6
Σ = 0

48 − 12 = 36
÷ 4 × 4 = 16
12 + 8 = 20

## Klammerrechnung

Rechne alle Aufgaben im Kopf aus und notiere gegebenenfalls Neben-rechnungen auf einem Notizblatt. Zeit: **20 Minuten**

1. Aufgabe:
$50 + (47 − 16) + 89 − (59 − 9) =$

2. Aufgabe:
$(82 − 45) + 32 − (11 − 5) − 16 =$

3. Aufgabe:
$68 − (49 − 38) + 58 − (40 − 7) =$

4. Aufgabe:
$70 − (38 − 13) + (41 − 11) − 19 =$

5. Aufgabe:
$76 + 24 − (30 − 23) + 19 + 62 =$

6. Aufgabe:
$56 + (52 − [26 + 11 − 40]) + 25 =$

7. Aufgabe:
$104 − 20 − (12 − [25 − 10]) + 12$
$=$

8. Aufgabe:
$64 + 26 − (37 − [20 + 18]) − 16 =$

9. Aufgabe:
$97 − (39 − 14) − (57 − [20 + 18])$
$=$

10. Aufgabe:
$5 × (3 − 1) × (8 + 8) =$

11. Aufgabe:
$8 × 5 − (7 + [5]) =$

12. Aufgabe:
$7 × 1 × (2) + (5 − 8) =$

13. Aufgabe:
$5 − (2 × 2 + [9 × 5]) =$

14. Aufgabe:
$6 − (6 × [7] − 9) =$

15. Aufgabe:
$7 + 7 × 6 − (8 − [3]) =$

16. Aufgabe:
$8 × 8 + (4 × [6]) =$

17. Aufgabe:
$6 × 8 × (9 − [8]) =$

18. Aufgabe:
$8 + (6 − 5 + [7] × 7) =$

19. Aufgabe:
$7 × (2) − 3 − (8 − 6) =$

20. Aufgabe:
$2 + 1 − 7 × (8) × (4) =$

21. Aufgabe:
$(-8) × 3 − (−12) × 3 =$

22. Aufgabe:
$−24 + 15 − (-3 × 33 − [7 × 5]) =$

23. Aufgabe:
$217 − 85 − (14 × [− 3] + 518) −$
$42 =$

24. Aufgabe:
$12 \times 5 - 3 \times (-3 \times 8 + [-76]) =$

25. Aufgabe:
$(-212) \times 3 + 110 + (9 \times 6) =$

26. Aufgabe:
$2.750 - (5 \times 325) - (69 \div 3) =$

27. Aufgabe:
$32 - (840 - 584) \div (64 \div 4) \times 3 =$

28. Aufgabe:
$3 \times \{99 - [4 + 2\,(21 \div 3) \times 2] + 8\} - 6 =$

29. Aufgabe:
$(-3)^3 + (-2)^4 =$

30. Aufgabe:
$(-5)^4 + (-3)^5 =$

Lösungen: Klammerrechnung

| | | |
|---|---|---|
| 1. 120 | 11. 28 | 21. 12 |
| 2. 47 | 12. 11 | 22. 125 |
| 3. 82 | 13. −44 | 23. −386 |
| 4. 56 | 14. −27 | 24. 360 |
| 5. 174 | 15. 44 | 25. −472 |
| 6. 136 | 16. 88 | 26. 1.102 |
| 7. 99 | 17. 48 | 27. −16 |
| 8. 75 | 18. 58 | 28. 219 |
| 9. 53 | 19. 9 | 29. −11 |
| 10. 160 | 20. −221 | 30. 382 |

**Was ist bei der Klammerrechnung zu beachten?**
Klammern drücken eine vorrangige Rechenoperation, vor anderen in der Rechenreihenfolge, aus.

- Regel 1: Punktrechnung geht vor Strichrechnung
- Regel 2: den Wert innerhalb der Klammern immer zuerst ermitteln

Regel 3: Klammern innerhalb von Klammern sind zuerst aufzulösen. Klammern werden immer von innen nach außen aufgelöst.

# Bruchrechnung

Löse alle Aufgaben im Kopf und notiere gegebenenfalls Nebenrechnungen auf einem Notizblatt.

Zeit: **15 Minuten**

1. Aufgabe: $\dfrac{4}{2} + \dfrac{6}{3} =$

2. Aufgabe: $\dfrac{6}{4} + \dfrac{1}{5} =$

3. Aufgabe: $\dfrac{4}{5} - \dfrac{3}{6} =$

4. Aufgabe: $\dfrac{5}{3} - \dfrac{5}{6} =$

5. Aufgabe: $\dfrac{1}{3} \times \dfrac{5}{3} =$

6. Aufgabe: $\dfrac{2}{2} \div \dfrac{5}{4} =$

7. Aufgabe: $3\dfrac{12}{6} =$

8. Aufgabe: $5\dfrac{8}{7} =$

9. Aufgabe: $6 \times \dfrac{5}{24} =$

10. Aufgabe: $14 \times \dfrac{5}{56} =$

11. Aufgabe: $4\dfrac{2}{3} \times 6\dfrac{2}{1} =$

12. Aufgabe: $4\dfrac{3}{2} \div 2\dfrac{3}{2} =$

## Lösungen: Bruchrechnung

**Zu 1.:**

$$\frac{4}{2} + \frac{6}{3} = \frac{12}{6} + \frac{12}{6} = \frac{24}{6} = 4$$

**Zu 2.:**

$$\frac{6}{4} + \frac{1}{5} = \frac{30}{20} + \frac{4}{20} = \frac{34}{20} = 1\frac{7}{10}$$

**Zu 3.:**

$$\frac{4}{5} - \frac{3}{6} = \frac{24}{30} - \frac{15}{30} = \frac{9}{30} = \frac{3}{10}$$

**Zu 4.:**

$$\frac{5}{3} - \frac{5}{6} = \frac{10}{6} - \frac{5}{6} = \frac{5}{6}$$

**Zu 5.:**

$$\frac{1}{3} \times \frac{5}{3} = \frac{1 \times 5}{3 \times 3} = \frac{5}{9}$$

**Zu 6.:**

$$\frac{2}{2} \div \frac{5}{4} = \frac{2}{2} \times \frac{4}{5} = \frac{2 \times 4}{2 \times 5} = \frac{8}{10} = \frac{4}{5}$$

**Zu 7.:**

Zähler: 6 x 3+12=30

$$3\frac{12}{6} = \frac{30}{6} = 5$$

**Zu 8.:**

Zähler: 7 x 5+8=43

$$5\frac{8}{7} = \frac{43}{7} = 6\frac{1}{7}$$

**Zu 9.:**

Zähler: 6 x 5 = 30

$$6 \times \frac{5}{24} = \frac{30}{24} = \frac{5}{4} = 1\frac{1}{4}$$

**Zu 10.:**

Zähler: 14 x 5 = 70

$$14 \times \frac{5}{56} = \frac{70}{56} = \frac{5}{4} = 1\frac{1}{4}$$

**Zu 11.:**

$$4\frac{2}{3} \times \qquad 6\frac{2}{1} = \frac{14}{3} \times \frac{8}{1} =$$

$$\frac{112}{3} = 37\frac{1}{3}$$

**Zu 12.:**

$$4\frac{3}{2} \div 2\frac{3}{2} = \frac{11}{2} \div \frac{7}{2} = \frac{11}{2} \times$$

$$\frac{2}{7} = \frac{22}{14} = \frac{11}{7} = 1\frac{4}{7}$$

## Gleichungen lösen

Löse alle Aufgaben im Kopf und notiere dir gegebenenfalls deine Zwischenschritte auf ein Notizblatt. Löse die Gleichungen nach x auf.

Zeit: **10 Minuten**

1. Aufgabe
$13x - 4 = 52 + 5x$

|
|
|

x =

2. Aufgabe
$2x - 9 = -49 + 7x$

|
|
|

x =

3. Aufgabe
$3x + 12 = 92 - 7x$

|
|
|

x =

4. Aufgabe
$8x + 8 = 2 + 14x$

|
|
|

x =

5. Aufgabe
$13x + 5 = 33 + 9x$

|
|
|

x =

6. Aufgabe
$7x - 8 = -17 + 8x$

|
|
|

x =

7. Aufgabe
$21x + 10 = 74 + 13x$

|
|
|

x =

8. Aufgabe
$-4x - 6 = -18 + 2x$

|
|
|

x =

Lösungen: Gleichungen lösen

**1. Aufgabe**
$13x - 4 = 52 + 5x$
$13x - 5x - 4 = 52 \quad | -5x$
$8x - 4 = 52 \qquad | + 4$
$8x = 56 \qquad\quad | \div 8$
**x = 7**

**2. Aufgabe**
$2x - 9 = -49 + 7x$
$2x - 9 = -49 + 7x \quad | - 7x$
$-5x - 9 = -49 \qquad | + 9$
$-5x = -40 \qquad\quad | \div (-5)$
**x = 8**

**3. Aufgabe**
$3x + 12 = 92 - 7x$
$3x + 7x + 12 = 92 \quad | + 7x$
$10x + 12 = 92 \qquad | - 12$
$10x = 80 \qquad\quad | \div 10$
**x = 8**

**4. Aufgabe**
$8x + 8 = 2 + 14x$
$8x - 14x + 8 = 2 \quad | - 14x$
$-6x = 2 - 8 \qquad | - 8$
$-6x = -6 \qquad\quad | \div (-6)$
**x = 1**

**5. Aufgabe**
$13x + 5 = 33 + 9x$
$13x - 9x + 5 = 33 \quad | - 9x$
$4x + 5 = 33 \qquad | - 5$
$4x = 28 \qquad\quad | \div 4$
**x = 7**

**6. Aufgabe**
$7x - 8 = -17 + 8x \quad | - 8x$
$-1x - 8 = -17 \qquad | + 8$
$-1x = -9 \qquad\quad | \div (-1)$
**x = 9**

**7. Aufgabe**
$21x + 10 = 74 + 13x$
$21x - 13x + 10 = 74 \quad | - 13x$
$8x + 10 = 74 \qquad | - 10$
$8x = 64 \qquad\quad | \div 8$
**x = 8**

**8. Aufgabe**
$-4x - 6 = -18 + 2x$
$-4x - 2x - 6 = -18 \quad | - 2x$
$-6x - 6 = -18 \qquad | + 6$
$-6x = -12 \qquad\quad | \div (-6)$
**x = 2**

## Prozentrechnung

Aufgaben zur Prozentrechnung sind sehr beliebt in Einstellungstests. Um die richtige Lösung zu finden, sollten die drei Werte Grundwert (G), Prozentwert (W) und Prozentsatz (p) ein Begriff sein, denn einer dieser Werte ist meistens gefragt und muss anhand der allgemeinen Formel (p % = W ÷ G) ermittelt werden. Bitte beachte an dieser Stelle, dass die Formel gegebenenfalls umgeformt werden muss.

p % = p ÷ 100

**Beispiel**
In der folgenden Beispielaufgabe wollen wir die Formel nun anwenden und aufzeigen, wie eine Aufgabe aus dem Bereich Prozentrechnung gelöst werden kann.

Beispielaufgabe: Wie viel sind 5 % von 200?
p = 5 %
G = 200
W = ?

Die oben gegebene Formel lässt sich nach den verschiedenen Variablen G, W und p umstellen.

p % = W ÷ G
W = p % × G
G = W ÷ p %

In diesem Fall ist W gesucht. Daher berechnen wir W = 5 % × 200 beziehungsweise W = (5 ÷ 100) × 200 = 10.

Zeit: **15 Minuten**

1. Von den 32 Schülern haben drei Schüler eine 1 geschrieben und weitere fünf haben die Note 2. Die anderen waren bei einer 3 oder schlechter. Wie viel Prozent der Schüler waren besser als eine 3?
a) 20 %
b) 40 %

c) 25 %
d) 30 %

2. Vor zehn Jahren gab es 35 % Singlehaushalte in der EU. Und es gab 260 Mio. Haushalte mit mehr als einer Person. Wie viele Singlehaushalte gab es in der EU?
a) 130 Mio.
b) 140 Mio.
c) 35 Mio.
d) 120 Mio.

3. Der Joghurt, den Meike kaufen möchte, ist 250 g schwer. Auf der Verpackung steht, dass dieser 16 g Fett enthält. Wie viel Prozent Fett enthält der Joghurt?
a) 6,4 %
b) 7,8 %
c) 16 %
d) 2,5 %

4. Herr Glück hat 900 Euro inklusive Zinsen von seinem Bankkonto abgehoben. Das Geld wurde ein Jahr lang zu einem stolzen Zinssatz von 20 % fest verzinst. Wie viel Kapital musste Herr Glück vor einem Jahr anlegen, um diese Summe zu erhalten?
a) 180 Euro
b) 750 Euro
c) 700 Euro
d) 450 Euro

5. Herr Schmidt kauft ein neues Auto für 50.000 Euro. Leider hat das Auto bereits nach kurzer Zeit einen Getriebeschaden, was hohe Reparaturkosten verursacht. Herr Schmidt erhält aus diesem Grund von seinem Händler 20 % des Kaufpreises erstattet. Wie viel Euro erhält Herr Schmidt vom Händler?
a) 10.000 Euro
b) 20.000 Euro
c) 25.000 Euro
d) 30.000 Euro

6. Frau Feldbusch kauft sich für 500 Euro Aktien. Aufgrund einer guten wirtschaftlichen Entwicklung steigen die Aktienkurse auf 200 % des eingesetzten Kapitals. Wie viel Euro sind diese Aktien nun Wert?
a) 500 Euro
b) 1.000 Euro
c) 2.000 Euro
d) 5.000 Euro

7. Wie drückt man das Verhältnis 16 von 32 in Prozent aus (Prozentsatz)?
a) 16 %
b) 32 %
c) 60 %
d) 50 %

8. 8 % sind 80 Einheiten, wie viel sind 100 % (Grundwert)?
a) 100 Einheiten
b) 1.000 Einheiten
c) 400 Einheiten
d) 4.000 Einheiten

9. Der Preis für eine Kilowattstunde wird von 0,25 Euro auf 0,30 Euro erhört. Wie hoch ist die Steigerung in %?
a) 20 %
b) 25 %
c) 30 %
d) 5 %

10. Bei meiner Stamm-Apotheke erhalte ich drei Prozent Rabatt auf alle Rechnungen. Meine letzte Rechnung betrug vor Abzug 40,00 Euro. Wie hoch war die Ersparnis?
a) vier Euro
b) zwölf Euro
c) 1,20 Euro
d) 0,40 Euro

11. Im Polizeibezirk Bochum arbeiten 1.500 Männer und 500 Frauen. Wie hoch ist der prozentuale Frauenanteil in diesem Bezirk?
a) 15 %
b) 20 %
c) 25 %
d) 30 %

12. Der Bauer hat insgesamt 90 Apfelbäume und will 18 weitere anpflanzen. Wie viel Prozent sind das?
a) 18 %
b) 20 %
c) 24 %
d) 19 %

13. Der Pizza-Lieferservice wirbt mit 20 % Rabatt bei der nächsten Bestellung. Luisa möchte sich eine 15,00 Euro Pizza bestellen. Wie hoch wäre die Ersparnis?
a) 2,50 Euro
b) 3,00 Euro
c) 2,00 Euro
d) 1,50 Euro

14. Wie hoch ist die Wahrscheinlichkeit in Prozent, als Kandidat bei der Show „Wer wird Millionär" eine Million Euro zu gewinnen, wenn es nur sechs Kandidaten von 300 schaffen?
a) 0,6 %
b) 1,5 %
c) 3 %
d) 2 %

15. Bei einer mobilen Blitzkontrolle beträgt die Wahrscheinlichkeit, dass jemand zu schnell fährt, etwa zehn Prozent. Die Blitzkontrolle wurde an einer vielbefahrenen Straße aufgebaut. Hier fahren von 7.00 Uhr bis 16.00 Uhr etwa 2.100 Autos entlang. Pro Ticket fallen Kosten von durchschnittlich zehn Euro an. Wie hoch ist der Betrag, der hier im genannten Zeitraum an Strafen eingenommen wird?
a) 2.100 Euro
b) 2.200 Euro

c) 2.300 Euro
d) 2.400 Euro

16. Wie viele Birnen können gekauft werden, wenn zehn Prozent von 80 Birnen vom Markt genommen wurden?
a) 76 Birnen
b) 88 Birnen
c) 70 Birnen
d) 72 Birnen

17. Ende April 2015 waren in den Bremer Justizvollzugsanstalten 1.350 Strafgefangene inhaftiert. Das sind etwa vier Prozent weniger als im Vorjahr, so das Statistikamt. Wie viele Strafgefangene waren im Vorjahr inhaftiert?
a) 1.445 Strafgefangene
b) 1.296 Strafgefangene
c) 1.404 Strafgefangene
d) 1.498 Strafgefangene

18. Im Jahr 2013 wurden deutschlandweit 9.640 Tote durch Verkehrsunfälle verzeichnet. Darunter waren 1.364 Motorradunfälle und 3.456 PKW-Unfälle. Wie viel Prozent der Tode wurden nicht durch Motorräder oder PKWs verursacht?
a) 15 %
b) 25 %
c) 50 %
d) 75 %

Lösungen: Prozentrechnung

| 1. c) | 7. d) | 13. b) |
|-------|-------|--------|
| 2. b) | 8. b) | 14. d) |
| 3. a) | 9. a) | 15. a) |
| 4. b) | 10. c) | 16. d) |
| 5. a) | 11. c) | 17. c) |
| 6. b) | 12. b) | 18. c) |

Zu 1.: c) Zuerst muss die Anzahl der Schüler, die besser als eine 3 waren, berechnet werden: drei (Anzahl der Note 1) + fünf (Anzahl der Note 2) = acht. Eingesetzt in die Formel für Prozentrechnung, ergibt sich ein Wert von $p = 8 \div 32 \times 100\,\% = 25\,\%$.

Zu 2.: b) Um herauszufinden, wie viele Singlehaushalte es gegeben hat, muss zuerst die Gesamthaushaltszahl bestimmt werden. Hierzu stellen wir die Formel um: $G = W \div p\,\% \times 100\,\% = 260$ Mio. $\div 65\,\% \times 100\,\% = 400$ Mio. Mit Hilfe des berechneten Grundwerts lässt sich in Teilschritt zwei der Prozentwert durch $W = p\,\% \times G = 35\,\% \div 100\,\% \times 400$ Mio. $= 140$ Mio. ermitteln.

Zu 3.: a) Einsetzen in die Formel bringt: $p = 16 \div 250 \times 100\,\% = 6,4\,\%$.

Zu 4.: b) Mit $p = 120\,\%$ und $W = 900$ Euro erhält man: $G = W \div p \times 100\,\% = 750$ Euro. Der Prozentsatz p wird so gewählt, da man im Vorjahr 100 % hatte und jetzt durch die Zinsen 20 % dazugekommen sind.

Zu 5.: a) Wird die Gleichung nach dem Prozentwert W umgestellt und für $p = 20\,\%$ und $G = 50.000$ Euro gewählt, so erhält man: $W = p\,\% \times G = 10.000$ Euro

Zu 6.: b) Entsprechen 500 Euro gleich 100 %, so verdoppelt sich dieser Wert, um auf 200 % zu kommen. Antwort b) ist korrekt.

Zu 7.: d) p = 16 ÷ 32 × 100 % = 50 %. In diesem Fall wird mit 100 % multipliziert, da das Resultat in Prozent gewünscht ist. Ist nur das Verhältnis gefragt, so stimmt Antwort d) ebenfalls.

Zu 8.: b) Mit W = 80 Einheiten und p = 8 %: G = W ÷ p × 100 % = 1.000 Einheiten.

Zu 9.: a) Bei dieser Aufgabe ist zu beachten, dass G und W richtig gewählt werden: Da es sich um eine Steigerung handelt, wird der Prozentsatz auch über 100 % betragen.

Daher müssen nach der Berechnung p = 0,30 ÷ 0,25 × 100 % = 120 %, mit W = 0,30 Euro und G = 0,25 Euro, die anfänglichen 100 % abgezogen werden, um auf die reine Steigerung zu kommen.

Zu 10.: c) Siehe Lösung Aufgabe 5: W = p % × G = 1,20 Euro

Zu 11.: c) Die große Gefahr ist hierbei, dass anstatt mit 2.000 Beschäftigten nur mit dem Anteil der Männer von 1.500 Arbeitern gerechnet wird. Eingesetzt ergibt dies: p = 500 ÷ 2.000 × 100 % = 25 %

Zu 12.: b) p = 18 ÷ 90 × 100 % = 20 %

Zu 13.: b) Siehe Lösung Aufgabe 5: W = p % × G = 3,00 Euro

Zu 14.: d) p = 6 ÷ 300 × 100 % = 2 %

Zu 15.: a) Diese Aufgabe besteht aus zwei Teilschritten: die Berechnung der Anzahl an Autos, die mit großer Wahrscheinlichkeit zu schnell fahren, und der daraus resultierenden Gesamtsumme. Für Ersteres dient die Formel W = p % × G = 210 Autos, mit p = 10 % und G = 2.100 Autos. Da jedes Auto durchschnittlich 10 € bezahlt, lautet das Resultat in Teilschritt 2: 210 × 10 € = 2.100 €.

Zu 16.: d) Siehe Lösung Aufgabe 5: W = p % × G = 72 Stück. Hierbei ist zu beachten, dass nicht die im Text erwähnten 10 % für p gewählt werden, sondern die verbleibenden 90 %.

Zu 17.: c) Die Ende April 2015 1.350 Inhaftierten entsprechen 96 %, die aus dem Vorjahr 100 %. Daraus ergibt sich: 1.350 × 4 % =54
100 % = 1.350 + 54 = 1.404

Zu 18.: c) Da nach den Verkehrsunfällen gefragt ist, welche weder von PKWs noch Motorrädern verursacht worden sind, müssen von den 9.640 Toten insgesamt 4.820 Opfer (Summe der Motorrad- und PKW-Unfälle) subtrahiert werden. So berechnet sich p nach: $p = 4.820 \div 9.640 \times 100\,\% = 50\,\%$

## Zinsrechnung

Die **Deutsche Zinsmethode** sieht vor, dass jeder Monat mit 30 Zinstagen und ein gesamtes Jahr mit 360 Zinstagen gerechnet wird. Somit werden Monate, die als Ganzes zwischen Anfangsdatum und Enddatum des Zinszahlungszeitraums liegen, unabhängig von ihrer tatsächlichen Tagesanzahl mit je 30 Tagen gezählt.

Löse alle Aufgaben und trage das Ergebnis entsprechend ein. Bei Rechenaufgaben darfst du Nebenrechnungen auf ein Notizblatt schreiben.

Zeit: **10 Minuten**

1. Ein Kapital von 22.500 € wird zu einem Zinssatz von 7,5 % angelegt. Wie hoch ist der Zins nach neun Monaten und zehn Tagen?

Ergebnis: _____ €

2. Das Haus der Familie Müller ist mit einer Hypothek belastet. Familie Müller zahlt bei einem Zinssatz von 8,5 % monatlich 637,50 € Zinsen. Wie hoch ist die Hypothek?

Ergebnis: _____ €

3. Herr Schmidt kauft ein Auto zum Preis von 13.750 € und lässt diese Summe vom Auto-händler finanzieren. In einem Jahr hat Herr Schmidt 15.331,25 € gezahlt. Wie hoch war der Zinssatz?

Ergebnis: _____ %

4. Zum Bau eines Einfamilienhauses benötigt Familie Koch eine Hypothek von 150.000 €. Die Zinsen für die ersten fünf Jahre sind auf 6 % pro Jahr festgelegt. Außerdem muss Familie Koch 1 % Tilgung pro Jahr zahlen. Wie hoch sind die monatlichen Kosten der Familie Koch?

Ergebnis: _____ €

5. Ein Sparer erhält für sein Kapital von 42.500 € bei einem Zinssatz von 6,5 % 552,50 € ausgezahlt. Wie lange war das Kapital angelegt?

Ergebnis: _____ Tage

6. Für ein Darlehen von 33.000 € mussten bei einem Zinssatz von 8 % insgesamt 9.240 € an Zinsen gezahlt werden. Nach welcher Zeit wurde das Darlehen abgelöst?

Ergebnis: _____ Monate

7. Ein Kleinwagen kostet 15.600€, wenn er bar bezahlt wird. Das Auto kann auch in zwei Raten zu 8.000€ bezahlt werden, wobei die erste Rate sofort und die zweite nach einem halben Jahr fällig ist. Wie viel beträgt der Zinssatz, den der Verkäufer bei diesem Abzahlungsgeschäft verlangt?

Ergebnis: _____ %

8. Deine Eltern haben für dich auf der Bank Festgeld bei einem Zinssatz von 3,00 % angelegt. Nach einem Jahr werden dir auf deinem Sparbuch dafür 45 € Zinsen gutgeschrieben.
a) Berechne, wie viel Geld deine Eltern für dich angelegt haben.
b) Berechne, wie viel Zinsen du in zehn Tagen erhältst.

Ergebnis:
a) = _____ €
b) = _____ €

Mögliche Lösungswege: Zinsrechnung

Zu 1.: **1.312,50 €**
Jahreszins = 22.500 € × 7,5 % ÷
100 %= 1.687,50€
Tageszins = 1.687,50 € ÷ 360 =
4,6875 €
Gesamtzins = 4,6875 € × 280 =
1.312,50 €

Zu 2.: **90.000 €**
Jahreszahlung= 637,50 € × 12 =
7.650 €
Kapital = 7.650 € ÷ 8,5 % × 100
% = 90.000 €

Zu 3.: **11,5 %**
Zinszahlung = 15.331,25 € -
13.750 €= 1.581,25 €
Prozentwert= 1.581,25 € ÷
13.750 € × 100 % = 11,5 %

Zu 4.: **875 €**
Jahreszins = 150.000 € ÷ 100 %
× 7 % = 10.500 €
Monatszins = 10.500 € ÷ 12 =
875€

Zu 5.: **72 Tage**
Jahreszins = 42.500 € × 6,5 % ÷
100 %= 2.762,50 €
Tageszins = 2.762,50 € ÷ 360 =
7,67361111 €
Anlagedauer = 552,50 € ÷
7,67361111 € = 72

Zu 6.: **42 Monate**
Jahreszins = 33.000 € × 8 % ÷
100 % = 2.640 €
Monatszins = 2.640 € ÷ 12 =
220 €
Anlagedauer = 9.240 € ÷ 220 €
= 42

Zu 7.: **5,263 %**
Der Verkäufer leiht dem Käufer
7.600 Euro für ein halbes Jahr
und verlangt dafür eine „Ge-
bühr" von 400 Euro.
Zinssatz = 400 € × 100 % ÷
7.600 € = 5,263 %

Zu 8. a) **1.500€**, b) **1,25 €**
Zu a): Anlagesumme = 45 € ×
100 % ÷ 3 % = 1.500 €
Zu b) Tageszins = 45 € ÷ 360 =
0,125 €
Tageszins = 0,125 € x 10 = 1,25
€

# Dreisatz

Der Dreisatz (auch Verhältnisgleichung genannt) ist ein Lösungsverfahren, um in den meisten Fällen aus drei gegebenen Werten eines Verhältnisses den unbekannten vierten Wert zu berechnen. Dabei unterscheidet man bei der Schwierigkeit der Aufgaben zwischen einem einfachen Dreisatz (je mehr A, desto mehr B), umgekehrten Dreisatz (Je mehr A, desto weniger B) und zusammengesetzten Dreisatz (beispielsweise je mehr A und je weniger B, desto mehr C).

**Beispiel**
Das folgende Beispiel soll dir helfen, die Vorgehensweise zur Lösung von Dreisatzaufgaben ins Gedächtnis zu rufen:

Beispielaufgabe: Drei Hamburger kosten neun Euro. Wie viel kosten vier Hamburger?

Meistens wird bei Dreisatzaufgaben versucht, zunächst den Wert für eine Sache zu berechnen. In diesem Fall also der Preis für einen Hamburger.

Da drei Hamburger neun Euro kosten, berechnen wir neun Euro ÷ drei Hamburger = drei Euro pro Hamburger. Ein Hamburger kostet also drei Euro.

Da an der Stelle nach vier Hamburgern gefragt ist, berechnen wir: vier × drei Euro = zwölf Euro. Vier Hamburger kosten also zwölf Euro.

Zeit: **20 Minuten**

1. Anlässlich des Firmenjubiläums von sechs Mitarbeitern, welche zusammen 60 Jahre bei dieser Firma arbeiten, erhalten diese eine Prämie von insgesamt 1.200 Euro. Die Prämie errechnet sich nach der Anzahl der Dienstjahre. Karim Schuster wird nächstes Jahr sein 15-jähriges Jubiläum erreichen und überlegt, ob er mit der Prämie seinen Jahresurlaub zahlen kann, der 540 Euro kosten wird. Kann er das?
a) Ja, er kann den Urlaub mit der Prämie zahlen.
b) Nein, er kann den Urlaub nicht mit der Prämie zahlen.

c) Ja, es bleibt sogar noch was für Cocktails übrig.
d) Ja, wenn er noch 80 Euro dazuzahlt.

2. Eine Belegschaft von zwölf Arbeitern hat in je acht Stunden an sieben Tagen 390.000 Federn produziert. Über einen Zeitraum von 16 Tagen sollen 2.340.000 Federn produziert werden. Wie viele Arbeiter werden am Band benötigt, wenn acht Stunden am Tag gearbeitet wird?
a) unter 20 Arbeiter
b) zwischen 20 und 29 Arbeiter
c) zwischen 30 und 36 Arbeiter
d) mehr als 36 Arbeiter

3. Zwei Pumpen füllen in sechseinhalb Stunden einen Pool, welcher 13.000 Liter fasst. Für einen Pool, der 21.000 Liter fasst, werden drei dieser Pumpen verwendet. Wie lange benötigen diese Pumpen, um den Pool zu füllen?
a) vier Stunden
b) fünf Stunden
c) sechs Stunden
d) sieben Stunden

4. Hans möchte Rindfleisch kaufen. 450 g kosten 13,50 Euro. Was kostet ein Kilogramm Rindfleisch?
a) 28 Euro
b) 27 Euro
c) 45 Euro
d) 30 Euro

5. Für die Vorbereitungen auf einen Tornado stattet Familie Frisch ihren Bunker aus. Vor einigen Jahren ist das Ehepaar mit neun Konserven und zwölf Litern Wasser für drei Tage ausgekommen. Mittlerweile hat das Ehepaar zwei Kinder und möchte sich im Notfall für fünf Tage versorgen können. Wie viele Konserven und wie viel Liter Wasser sollte die Familie in den Bunker bringen, wenn jede Person die gleiche Menge verbraucht?
a) zehn Konserven und 15 Liter Wasser
b) 15 Konserven und 25 Liter Wasser
c) 20 Konserven und 30 Liter Wasser
d) 30 Konserven und 40 Liter Wasser

6. Aus drei Brunnen können maximal 24 Familien mit Wasser versorgt werden. Wie viele Familien können aus 20 Brunnen mit Wasser versorgt werden?
a) 160 Familien
b) 140 Familien
c) 120 Familien
d) 150 Familien

7. Ein Weizenfeld wird von fünf Mähdreschern in neun Tagen bestellt. Wie lange brauchen 15 Mähdrescher dafür?
a) drei Tage
b) vier Tage
c) fünf Tage
d) sechs Tage

8. Zwei Maurer brauchen 48 Stunden, um eine Mauer hochzuziehen. Wie viele Stunden benötigen sechs Maurer für die gleiche Arbeit?
a) zehn Stunden
b) 16 Stunden
c) 18 Stunden
d) 24 Stunden

9. Mona ist 24 Kilometer gefahren und hat 1,2 Liter Benzin verbraucht. Wie viel Liter verbraucht sie auf 100 Kilometern?
a) zehn Liter
b) fünf Liter
c) acht Liter
d) 2,4 Liter

10. Um ein Waldstück von 80.000 Quadratmetern abzusuchen, benötigen zehn Polizisten 40 Stunden. Wie lange benötigen fünf Polizisten für eine Fläche von 50.000 Quadratmetern?
a) 25 Stunden
b) 50 Stunden
c) 80 Stunden
d) 100 Stunden

11. Für die Strecke von der Polizeiwache zum Einsatzort benötigt der Fahrer 24 Minuten bei der zulässigen Höchstgeschwindigkeit von 80 km/h. Mit Blaulicht kann er etwa 40 km/h schneller fahren. Wie lange benötigt er für die Strecke, wenn er das Blaulicht verwendet?
a) vier Minuten
b) 16 Minuten
c) 20 Minuten
d) 48 Minuten

12. Für die Fertigstellung eines Rohbaus von einem neuen Gebäudeteil benötigen vier Bauarbeiter, die täglich sieben Stunden arbeiten, 20 Tage. Ein Maurer hatte einen Arbeitsunfall. Die übrigen Bauarbeiter können den Verlust etwas kompensieren, indem sie täglich eine Stunde länger arbeiten, also acht Stunden am Tag. Wie viele Tage dauert es nun, bis der neue Gebäudeteil fertiggestellt wird?
a) ca. 20 Tage
b) ca. 21 Tage
c) ca. 23 Tage
d) ca. 33 Tage

13. Zwei Fliesenleger benötigen für das Fliesen einer 32 Quadratmeter großen Garage vier Stunden. Wie lange brauchen fünf Fliesenleger für 40 Quadratmeter?
a) fünf Stunden
b) vier Stunden
c) drei Stunden
d) zwei Stunden

14. Um eine Mauer von 32 Quadratmeter zu ziehen, brauchen zwei Maurer vier Stunden. Wie lange brauchen drei Maurer für eine 144 Quadratmeter Mauer?
a) zehn Stunden
b) elf Stunden
c) zwölf Stunden
d) 15 Stunden

15. Für eine Strecke benötigt man neun Stunden bei einer Geschwindigkeit von 80 km/h. Wie hoch muss die Geschwindigkeit sein, wenn man
diese Strecke in sechs Stunden schaffen möchte?
a) 90 km/h
b) 100 km/h
c) 110 km/h
d) 120 km/h

16. Ein leitender Angestellter möchte vom Unternehmen ein Geschäftsauto gestellt bekommen. Er muss allerdings ein Prozent des Kaufwertes
monatlich versteuern. Wie viel Euro muss er im Jahr zusätzlich versteuern, wenn das Geschäftsauto 32.000 Euro kostet?
a) 8.340 Euro
b) 3.840 Euro
c) 320 Euro
d) 3.200 Euro

17. Ein Polizeiauto verbraucht auf 100 Kilometer etwa neun Liter Benzin.
Wie viel Benzin benötigt dieses Auto für 350 Kilometer?
a) 31,5 Liter Benzin
b) 32 Liter Benzin
c) 32,5 Liter Benzin
d) 33,5 Liter Benzin

18. Für eine kleine Feier zum Einstand plant Lara, für sich und ihre elf
Kollegen 60 Euro für Getränke ein. Kurzfristig melden sich vier Personen
ab. Für das übrige Geld möchte sie nun noch einen edlen Tropfen kaufen. Wie viel Geld kann sie dafür ausgeben?
a) 15 Euro
b) 20 Euro
c) 25 Euro
d) 30 Euro

19. In fünf Tagen schaffen es zwei Paketdienste 800 Päckchen auszulie-
fern. Wie viele Päckchen können maximal ausgeliefert werden, wenn
drei Paketdienste nur zwei Tage Zeit haben?
a) 480 Päckchen
b) 1.200 Päckchen

c) 240 Päckchen
d) 320 Päckchen

20. Von einem Containerschiff werden in 30 Minuten sieben Container entladen. Wie lange dauert die Entladung von 56 weiteren Containern?
a) vier Stunden
b) fünf Stunden
c) sechs Stunden
d) sieben Stunden

21. Vier Arbeiter benötigen zwölf Arbeitsstunden, um ein Waldstück vollständig zu roden. Welche Zeit benötigen zehn Arbeiter für dieselben Rodungsarbeiten?
a) vier Stunden 48 Minuten
b) vier Stunden acht Minuten
c) vier Stunden 36 Minuten
d) vier Stunden 54 Minuten

22. Ein Student gibt an 14 Tagen im Monat jeweils fünf Euro in der Mensa aus. Für wie viele Tage würde das gleiche Geld reichen, wenn er jeweils nur 3,50 Euro ausgeben würde?
a) 20 Tage
b) 25 Tage
c) 17 Tage
d) 19 Tage

## Lösungen: Dreisatz

| | | |
|---|---|---|
| 1. b) | 9. b) | 17. a) |
| 2. c) | 10. b) | 18. b) |
| 3. d) | 11. b) | 19. a) |
| 4. d) | 12. c) | 20. a) |
| 5. d) | 13. d) | 21. a) |
| 6. a) | 14. c) | 22. a) |
| 7. a) | 15. d) | |
| 8. b) | 16. b) | |

Zu 1.: b) Da die Prämie anhand der geleisteten Dienstjahre aufgeteilt wird, muss als Erstes ermittelt werden, wie viel Prozent Karim Schuster von dem Geld erhält. Dazu erfolgt die Rechnung: p = 15 ÷ 60 × 100 % = 25 % (siehe hierzu Kapitel Prozentrechnung). Um nun Karim Schusters Summe zu errechnen, multipliziert man die 1.200 Euro mit 0,25 (1 = 100 %, 0,25 = 25 %) und erhält einen Betrag von 300 Euro. Daher kann er den Urlaub nicht vollständig mit seiner Prämie bezahlen.

Zu 2.: c) Zuerst wird berechnet, wie viele Federn ein Arbeiter pro Tag herstellen kann: 390.000 Federn ÷ 7 Tage = 55.714 Federn/Tag. Auf einen Mitarbeiter kommen somit 55.714 Federn ÷ 12 Arbeiter = 4.643 Federn. Wenn nun 2.340.000 Federn in 16 Tagen produziert werden sollen, müssen 2.340.000 Federn ÷ 16 Tage = 146.250 Federn/Tag hergestellt werden. Durch den ersten Schritt liegt die Erkenntnis vor, dass ein Mitarbeiter 4.643 Federn/Tag schafft. Somit werden 146.250 Federn ÷ 4.643 Federn = 31,5 (Mitarbeiter) benötigt.

Zu 3.: d) Wenn zwei Pumpen 13.000 Liter befördern, trägt jede der beiden mit 6.500 Liter bei. Da sie den Pool in 6,5 Stunden befüllen, werden 1.000 Liter pro Stunde gepumpt (6.500 Liter/6,5h = 1.000 Liter/h). Für einen Pool mit 21.000 Liter Fassvermögen und drei Pumpen wird die gleiche

Rechnung angewendet. Jede Pumpe trägt mit 7.000 Liter Gesamtvolumen bei. Bei 1.000 Liter pro Stunde brauchen die drei Pumpen also sieben Stunden, um den Pool zu füllen.

Zu 4.: d) Der klassische Dreisatz lässt sich auch grafisch lösen:
450 g → 13,50 Euro
1.000 g → x
x = 1.000 ÷ 450 × 13,50 Euro = 30 Euro

Zu 5.: d) Wenn zwei Personen zwölf Liter Wasser und neun Konserven in drei Tagen verbrauchen, so verbrauchen sie zu zweit pro Tag 12 Liter ÷ 3 = 4 Liter Wasser und 9 Konserven ÷ 3 = 3 Konserven pro Tag. Um nun den Fünf-Tages-Vorrat für vier Personen zu bestimmen, werden die Pro-Tag-Mengen mal zwei multipliziert und anschließend mal fünf: 4 Liter × 2 (Zwei Menschen werden zu einer „Einheit" zusammengefasst.) × 5 Tage = 40 Liter und 3 Konserven × 2 × 5 = 30 Konserven

Zu 6.: a) Wenn drei Brunnen 24 Familien versorgen, versorgt ein Brunnen allein maximal acht Familien. Somit können von 20 Brunnen acht Familien × 20 = 160 Familien leben.

Zu 7.: a) Fünf Mähdrescher benötigen neun Tage für ein Feld. Wird nun aber die dreifache Menge an Mähdreschern eingesetzt, so brauchen sie nur ein Drittel der Zeit, ergo drei Tage.

Zu 8.: b) Zwei Maurer arbeiten 48 Stunden für eine Mauer, somit beträgt die Arbeitszeit für einen Maurer, um eine Mauer hochzuziehen, 96 Stunden.

Arbeiten nun sechs Maurer gleichzeitig, minimiert sich die Arbeitszeit auf 96 Stunden ÷ 6 Arbeiter = 16 Stunden.

Zu 9.: b) Siehe Lösung Aufgabe 4: x = 100 ÷ 24 × 1,2 l = 5 Liter

Zu 10.: b) Ein Polizist sucht pro Stunde 200 Quadratmeter ab (80.000 ÷ 10 ÷ 40 = 200). Für eine Fläche von 50.000 Quadratmetern benötigen somit fünf Polizisten 50 Stunden Zeit. (50.000 ÷ 200 ÷ 5 = 50 Stunden).

Zu 11.: b) Mit Blaulicht fährt der Fahrer 120 km/h. Ohne Blaulicht bewegt sich der Fahrer nur mit zwei Drittel der Geschwindigkeit fort. Braucht er also mit 80 km/h 24 Minuten, so legt er die Strecke mit höherem Tempo in einer Zeit von ⅔ × 24 Minuten = 16 Minuten zurück (Er spart sich somit ein Drittel der Zeit, da er um ein Drittel schneller fährt mit Blaulicht.).

Zu 12.: c) Insgesamt arbeiten vier Bauarbeiter 560 Stunden, um den Rohbau fertigzustellen: 4 Arbeiter × 7 Stunden = 28 Stunden Gesamtarbeitszeit pro Tag, 28 Stunden × 20 Tage = 560 Stunden. Drei Arbeiter, die jeden Tag acht Stunden arbeiten, weisen eine Gesamtarbeitszeit von 24 Stunden pro Tag auf. Somit folgt: 560 Stunden ÷ 24 Stunden (je Tag) = 23,33 Tage

Zu 13.: d) Zwei Fliesenleger brauchen vier Stunden für 32 Quadratmeter. Ein Fliesenleger bearbeitet somit in vier Stunden 16 Quadratmeter. In einer Stunde daher 16 Quadratmeter ÷ 4 Stunden = 4 Quadratmeter. Arbeiten fünf Fliesenleger gleichzeitig, schaffen sie in einer Stunde 20 Quadratmeter. Da die doppelte Fläche zu fliesen ist, benötigen sie zwei Stunden.

Zu 14.: c) Siehe Lösung Aufgabe 13: In einer Stunde schafft ein Maurer vier Quadratmeter, daher ziehen drei Maurer zwölf Quadratmeter Mauer in einer Stunde hoch.

Da die zu bauende Mauer 144 Quadratmeter Fläche besitzt, benötigen drei Maurer zwölf Stunden: 144 Quadratmeter ÷ 12 Quadratmeter pro Stunde = 12 Stunden

Zu 15.: d) Mit Hilfe der Formel s = v × t, wobei s für die zurückgelegte Strecke, t für die Zeit und v für die Geschwindigkeit steht, ermittelt man zuerst die Gesamtstrecke: s = 80 km/h × 9 h = 720 km. Wird die Zeitspanne verringert, so muss die Geschwindigkeit zunehmen: v = s ÷ t = 720 km ÷ 6 h = 120 km/h

Zu 16.: b) Die monatliche Steuer des Angestellten beträgt 32.000 Euro × 0,01 = 320 Euro. Somit muss er jährlich 320 Euro × 12 = 3.840 Euro Abgaben zahlen.

Zu 17.: a) Für 100 km verbraucht das Auto neun Liter Benzin. Fährt er jetzt 3,5-mal so viel, steigt auch sein Verbrauch um das 3,5-fache: 9 Liter Benzin × 3,5 = 31,5 Liter Benzin.

Zu 18.: b) Die eingeplanten 60 Euro verteilen sich gleichmäßig auf zwölf Gäste: 60 Euro ÷ 12 Gäste = 5 Euro pro Gast. Sagen nun vier Gäste ab, stehen Lara 20 Euro zum Kauf eines edlen Tropfens zur Verfügung: 5 Euro × 4 = 20 Euro

Zu 19.: a) Zwei Paketdienste liefern in fünf Tagen 800 Päckchen aus. Daher liefert ein Paketdienst 400 Päckchen in fünf Tagen und 80 Pakete an einem Tag aus: 800 Päckchen ÷ 2 = 400 Päckchen, 400 Päckchen ÷ 5 Tage = 80 Pakete pro Tag. Stellen drei Lieferanten gleichzeitig 80 Pakete am Tag zu, schaffen sie in Summe 240 pro Tag. Da sie zwei Tage Zeit haben, verdoppelt sich der Wert: 240 Pakete pro Tag × 2= 480 Pakete pro Tag

Zu 20.: a) In 30 Minuten können sieben Container entladen werden. Insgesamt fehlen noch 56 = 7 × 8 Container. Wie zu erkennen ist, ist die Zahl 56 das Achtfache von sieben, daher dauert die Entladung noch 8 × 0,5 Stunden = 4 Stunden.

Zu 21.: a) Die Gesamtarbeitszeit der vier Arbeiter beträgt 4 × 12 Stunden = 48 Stunden. Verteilen sich diese Stunden auf zehn Arbeiter, so benötigen sie 4,8 Stunden bei gleichzeitigem Roden. Zu beachten ist, dass eine Umrechnung in Minuten erfolgen muss: 60 Minuten × 0,8 (da 80 % der Stunde benötigt wird) = 48 Minuten

Zu 22.: a) Der Student verbraucht insgesamt 14 Tage × 5 Euro = 70 Euro in der Mensa. Reduziert er seinen täglichen Verzehr auf 3,50 Euro, so kann er an 70 ÷ 3,50 Euro pro Tag = 20 Tagen davon essen.

## Sprachanalogien

Sogenannte Sprachanalogien werden in zahlreichen Aufnahmetests verwendet. Die Aufgabe dabei ist, die Wortgleichung sinnvoll zu ergänzen. Das erste und zweite Wort in der Gleichung stehen in einer Beziehung zueinander. Ziel ist es, zwischen dem dritten und dem Lösungswort eine ähnliche Beziehung herzustellen. Richtig ist immer nur eine Lösung.

Zeit: **10 Minuten**

1. Linde / Eiche = Dackel / ?
a) Boxer
b) Hund
c) Vierbeiner
d) Schnauze

2. Bleistift / spitzen = Messer / ?
a) schneiden
b) stechen
c) schleifen
d) scharf

3. Bluse / T-Shirt = kurze Hose / ?
a) Rock
b) Unterhose
c) BH
d) Unterwäsche

4. Herbst / Apfel = Obst / ?
a) Sommer
b) Monat
c) Jahreszeit
d) Gemüse

5. Mensch / Nahrung = Auto / ?
a) Getriebe
b) Benzin
c) Reifen
d) Vordersitz
e) Windschutzscheibe

6. Obst / Banane = Gemüse / ?
a) Gurke
b) Kiwi
c) Apfel
d) Orange

7. Küken / Vögel = Baby / ?
a) Rentner
b) Erwachsener
c) Jugendlicher
d) Homo Sapiens
e) Kleinkind

8. Skateboard / fahren = Pferd / ?
a) dressieren
b) reiten
c) füttern
d) schlachten

9. hoch / tief = schnell / ?
a) lang
b) unendlich
c) breit

d) weit
e) langsam

10. Papier / Stift = Wand / ?
a) Schere
b) Kleber
c) Perforator
d) Wandfarbe
e) Tapete

11. Tee / Wasser = Kaffee / ?
a) Bohnen
b) Tasse
c) Wasser
d) Kanne
e) Schwarz

12. wenig / viel = null / ?
a) unendlich
b) nichts
c) mehr
d) ein bisschen
e) 1.000

13. Flugzeug / Himmel = Deutschland / ?
a) Universum
b) Berge
c) Land
d) Amerika
e) Europa

14. lachen / Freude = weinen / ?
a) Spaß
b) lustig
c) Trauer

d) Ekel
e) Tränen

15. Sommer / Sonne = Winter / ?
a) Blumen
b) kalt
c) langweilig
d) Schnee
e) Frühling

16. Morgen / Kind = Abend / ?
a) Mensch
b) Erwachsener
c) Frau
d) Junge
e) Affe

17. Herz / Mensch = Adler / ?
a) Krieg
b) Himmel
c) Sand
d) Frieden
e) Hass

18. Tier / Fell = Baum / ?
a) Wurzel
b) Rinde
c) Ast
d) Blätter
e) Stamm

19. Kilogramm / Gewicht = Minute / ?
a) Armbanduhr
b) Stunde
c) Tag

d) Zeit
e) Jahr

20. Meter / Länge = Unze / ?
a) Gold
b) Römer
c) Entfernung
d) Zeit
e) Masse

21. Hamburger / USA = Fish and Chips / ?
a) Deutschland
b) Großbritannien
c) Polen
d) Russland
e) Frankreich

22. vorwärts / rückwärts = rechts / ?
a) oben

b) unten
c) links
d) vorne
e) hinten

23. Knopf / Plastik = T-Shirt / ?
a) Glas
b) Holz
c) Eisen
d) Stoff
e) Feder

24. Kürbis / Herbst = Plätzchen / ?
a) Sommer
b) Winter
c) Frühsommer
d) Frühling
e) Juli

Lösungen: Sprachanalogien

| 1. a) | 9. e) | 17. b) |
|---|---|---|
| 2. c) | 10. d) | 18. b) |
| 3. a) | 11. c) | 19. d) |
| 4. c) | 12. a) | 20. e) |
| 5. b) | 13. e) | 21. b) |
| 6. a) | 14. c) | 22. c) |
| 7. e) | 15. d) | 23. d) |
| 8. b) | 16. b) | 24. b) |

Zu 1.: a) In diesem Fall passt nur Lösung a), da es sich hierbei um eine Hunderasse handelt. Linde und Eiche sind zwei verschiedene Baumarten, Dackel und Boxer zwei Hunderassen.

Zu 2.: c) Einen Bleistift spitzt man, ein Messer schleift man. Beides sind Methoden, um den jeweiligen Gegenstand in den Optimal-Zustand zu versetzen.

Zu 3.: a) Bluse ist die elegante, T-Shirt die legere Variante eines Oberteils. Gleicher Zusammenhang gilt für Rock und kurzer Hose.

Zu 4.: c) Es werden die Oberbegriffe gesucht: Apfel → Obst, Herbst → Jahreszeit.

Zu 5.: b) Ein Mensch benötigt Nahrung zum Überleben, ein Auto funktioniert nur mit ausreichend Benzin.

Zu 6.: a) Die Banane gehört eindeutig in die Kategorie Obst. In den Antwortmöglichkeiten steht nur eine Gemüsesorte, daher muss Gurke die richtige Lösung sein.

Zu 7.: e) Küken entwickeln sich ohne Zwischenschritt zu Vögeln. Da der Mensch mehrere Stadien durchläuft, aber nur nach dem Folgeprozess gefragt wurde, ist Antwort e) Kleinkind richtig.

Zu 8.: b) Der Zusammenhang besteht in der richtigen Fortbewegungsmöglichkeit. Ein Skateboard fährt man, ein Pferd wird geritten.

Zu 9.: e) In dieser Aufgabe werden Gegensätze abgefragt: hoch / tief und schnell / langsam.

Zu 10.: d) Mit einem Stift wird ein Papier beschrieben, analog dazu mit Wandfarbe die Wand gestrichen.

Zu 11.: c) Das Entscheidende ist nicht die Herstellung des Grundprodukts (Teeblätter, Kaffeebohnen), sondern die Zutat, die zur Fertigstellung des Getränks verwendet wird – in beiden Fällen ist dies Wasser.

Zu 12.: a) siehe Lösung Aufgabe 9

Zu 13.: e) Das Flugzeug fliegt im Himmel, Deutschland liegt auf dem Kontinent Europa. Die geografische Lage ist entscheidend.

Zu 14.: c) Freude wird oft empfunden, wenn man lacht. Trauer hingegen, wenn man weint.

Zu 15.: d) Das charakteristische Merkmal für den Sommer ist die Sonne. Für den Winter ist Schnee typisch.

Zu 16.: b) Wird das Leben als Tag betrachtet, ist der Mensch am Morgen ein Kind und am Abend ein Erwachsener.

Zu 17.: b) Das Herz befindet sich im Brustkorb des Menschen, der Adler verbringt die meiste Zeit im Himmel. Der richtige Lebensraum ist gefragt.

Zu 18.: b) Der Körper eines Tieres ist von einem Fell ummantelt, genauso wie ein Baum von Rinde ummantelt ist.

Zu 19.: d) Kilogramm ist eine Maßeinheit für das Gewicht. Die Zeit wird unter anderem in Minuten gemessen.

Zu 20.: e) Meter ist ein Längenmaß, genauso wie eine Unze eine Gewichtseinheit ist.

Zu 21.: b) Ein typisches Gericht in den USA sind Hamburger. Großbritannien ist bekannt für Fish and Chips.

Zu 22.: c) In dieser Aufgabe werden Gegensätze abgefragt: vorwärts / rückwärts und rechts / links.

Zu 23.: d) Das Material, aus dem die Gegenstände produziert werden, ist gesucht.

Zu 24.: b) siehe Lösung Aufgabe 15

## Buchstabenreihen fortsetzen

Bei dieser Aufgabe musst du Buchstabenreihen fortsetzen. Ergänze die Reihen so, dass sie sinnvoll und logisch mit einem Buchstaben gefüllt werden. Zeit: **10 Minuten**

1. A B A C A D A E A ___

2. Z A Y A X A W A ___

3. A E A G A I A K A ___

4. Z G X F Z E X D Z ___

5. Y F E Y F E Y F ___

6. D Z E Y F X G W H ___

7. B A D C F E H G J ___

8. O P N Q M R L S K ___

9. A B E C I D O F U ___

10. M L O N Q P S R ___

11. x w u t r q o n l k ___

12. w V U t S R q P O n M ___

13. Z y X w V u T s ___

14. d h O s d i P t d j Q u d k R ___

15. m i g j f d g c a ___

16. k l m n o n m l ___

17. Y w T p K ___

18. e b i f m j q n u r ___

19. z a y b x c w d v e ___

20. C G k O S ___

## Lösungen: Buchstabenreihen fortsetzen

| | | |
|---|---|---|
| 1. F | 8. T | 15. d |
| 2. V | 9. G | 16. k |
| 3. M | 10. UT | 17. e |
| 4. C | 11. j | 18. y |
| 5. E | 12. L | 19. u |
| 6. V | 13. R | 20. w |
| 7. I | 14. v | |

Zu 1.: F. Die Reihe wechselt je zwischen dem Buchstaben A und der Aufzählung des Alphabets.

Zu 2.: V. Die Reihe wechselt je zwischen dem Buchstaben A und der Aufzählung des Alphabets von hinten.

Zu 3.: M. Die Reihe wechselt je zwischen dem Buchstaben A und der Aufzählung des Alphabets, bei E beginnend und je einen Buchstaben überspringend.

Zu 4.: C. Die Reihe wechselt zwischen dem Buchstabenpaar Z und X sowie der Aufzählung des Alphabets rückwärts, bei G beginnend.

Zu 5.: E. Es ist eine Dreierreihe, in der die Buchstaben Y, F und E immer wiederholt werden.

Zu 6.: V. Die Buchstaben werden abwechselnd von D an dem Alphabet nach und von Z an gegen das Alphabet gereiht.

Zu 7.: I. Die Buchstaben werden abwechselnd von B und A dem Alphabet nach gereiht und überspringen dabei jeweils einen Buchstaben.

Zu 8.: T. Die Buchstaben werden abwechselnd von O sowie von P an dem Alphabet nach gereiht, von O an gegen, von P an in Richtung des Alphabets.

Zu 9.: G. Die Buchstaben werden abwechselnd von A und B dem Alphabet nach gereiht, wobei von A an die Vokale und von B an die Konsonanten aufgereiht werden.

Zu 10.: UT. Die Buchstaben werden rückwärts in Zweier-Päckchen gebündelt.

Zu 11.: j. Die Buchstaben werden ausgehend vom x rückwärts in dem Muster -1 -2 aneinandergereiht.

Zu 12.: L. Die Buchstaben werden dem Alphabet entsprechend rückwärts ausgehend vom w aufgezählt. Dabei ist jeder zweite und dritte Buchstabe groß.

Zu 13.: R. Die Buchstaben werden dem Alphabet entsprechend rückwärts aufgezählt. Dabei sind die Buchstaben abwechselnd klein und groß.

Zu 14.: v. Hier werden drei verschiedene Reihen miteinander verzahnt und jeweils durch ein d voneinander getrennt: hijk.../ OPQR.../stu...

Zu 15.: d. Die Buchstaben werden ausgehend vom m in dem Muster -4 -2 +3 aneinandergereiht.

Zu 16.: k. Die Buchstaben laufen dem Alphabet entsprechend bis zum o und von dort an wieder rückwärts.

Zu 17.: e. Die Buchstaben werden ausgehend vom Y in dem Muster -2 -3 -4 -5 aneinandergereiht.

Zu 18.: y. Die Buchstaben werden ausgehend vom e in dem Muster -3 +7 aneinandergereiht.

Zu 19.: u. Hier werden zwei verschiedene Reihen miteinander abwechselnd verzahnt: zyxwv... und abcde....

Zu 20.: w. Die Buchstaben werden ausgehend vom C in dem Muster +4 aneinandergereiht. Dabei ist jeder dritte Buchstabe klein.

# Textaufgaben

Textaufgaben sind eine wirkungsvolle Methode, um unsere Abstraktions-
fähigkeit und gleichzeitig die rechnerische Fähigkeit auf die Probe zu stellen.

**Zeit: 20 Minuten**

1. Jemand sagt: „In zwei Jahren bin ich doppelt so alt wie ich vor vier
Jahren war." Wie alt ist die Person?
a) zehn
b) zwölf
c) acht
d) 13
3) 13

2. Wer ist am schnellsten? Liam ist langsamer als Anna. Anna ist schneller als Emilia. Liam ist langsamer als Kevin. Kevin ist schneller als Anna.
a) Liam
b) Anna
c) Emilia
d) Kevin

3. Arthur ist leichter als Benjamin, aber schwerer als Johanna.
Johanna ist schwerer als Peter. Wer ist der Schwerste?
a) Arthur
b) Benjamin
c) Johanna
d) Peter

4. Zwei Länder haben insgesamt zehn Einwohner. Niemand, der mehr
als 85 Kilogramm wiegt, kann Präsident eines Landes werden. Die Einwohner der Länder sind jeweils 88 kg, 86 kg, 84 kg, 75 kg, 95 kg, 105 kg,
78 kg, 85 kg, 86 kg und 87 kg schwer. Wie viele Präsidenten gibt es?
a) fünf
b) sechs
c) drei
d) zwei

5. Du meldest dich zu einem Wettlauf an. Beim Endspurt überholst du den fünften Läufer, wirst dann aber von zwei anderen Läufern überholt. Mit welcher Platzierung läufst du ins Ziel ein?

a) vierter

b) fünfter

c) sechster

d) siebter

6. Wenn sechs Äpfel ein Kilogramm wiegen, wie viele Äpfel wiegen dann 2,5 Kilogramm?

a) zwölf

b) 16

c) 15

d) 13

7. Wer ist am stärksten? Andreas ist schwächer als Linus. Henry ist stärker als Patrick. Patrick ist stärker als Linus.

a) Andreas

b) Henry

c) Patrick

d) Linus

8. Wer ist am sorgfältigsten? Michael ist sorgfältiger als Ben. Annika ist sorgfältiger als Sarah. Annika ist lässiger als Ben. Sarah ist lässiger als Ben.

a) Michael

b) Ben

c) Sarah

d) Annika

9. Morgen ist Montag. Welcher Tag war einen Tag vor gestern?

a) Samstag

b) Freitag

c) Donnerstag

d) Sonntag

10. Jeder Cousin hat gleich viele Cousinen wie Cousins. Jede Cousine hat doppelt so viele Cousins wie Cousinen. Wie viele Cousinen gibt es in der Familie?

a) vier

b) drei

c) acht

d) eine

11. Eine Biene hat sechs Beine, eine Spinne sogar acht. Zusammen haben zwei Bienen und drei Spinnen genauso viele Beine wie zwölf Enten und …

a) zwei Hunde.

b) drei Hunde.

c) sieben Hunde.

d) zwölf Hunde.

12. Wie oft kann man maximal 1,50 Euro ausgeben, wenn man 17,99 Euro hat?

a) 10,5-mal

b) 11-mal

c) 12-mal

d) 13-mal

13. Hans geht in den Supermarkt und möchte 20 Tafeln Schokolade kaufen. Eine Tafel kostet 0,89 Euro. Es gibt aber noch zwei Angebote: Angebot A – fünf Tafeln für 4,20 Euro oder das Angebot B – zehn Tafeln für 8,50 Euro. Sollte Hans ein Angebot nutzen und wenn ja, welches?

a) Hans sollte die Tafeln einzeln kaufen.

b) Hans sollte das Angebot A nutzen.

c) Hans sollte das Angebot B nutzen.

d) Die Angebote A und B sind gleichwertig.

14. Zwei Hasen benötigen acht Tage, um das Gras eines Rasens komplett aufzufuttern. Wie viele Tage benötigen zehn Hasen?

a) 1,8 Tage

b) zwei Tage

c) 1,4 Tage

d) 1,6 Tage

15. Die Klasse hat 32 Schüler. Heute sind vier Schüler abwesend. Wie viel Prozent der Schüler sind heute anwesend?
a) 96 %
b) 80 %
c) 12,5 %
d) 87,5 %

Lösungen: Textaufgaben

| 1. a) | 6. c) | 11. b) |
|-------|-------|--------|
| 2. d) | 7. b) | 12. b) |
| 3. b) | 8. a) | 13. b) |
| 4. d) | 9. b) | 14. d) |
| 5. d) | 10. b) | 15. d) |

Zu 1.: a) Stellt man eine Gleichung auf, lässt sich das Alter leicht berechnen. Dazu wird das Alter als Variable x definiert:
$x + 2 = (x - 4) \times 2$
Löst man diese Gleichung nach x auf, erhält man: $2 = x - 8 \mid + 8; x = 10$.
Daher ist das aktuelle Alter x = zehn Jahre.

Zu 2.: d) Da Kevin schneller ist als Anna und Liam, aber Emilia langsamer ist als Anna, kann nur Kevin der Schnellste sein.

Zu 3.: b) Chronologisch ist Benjamin der Schwerste, gefolgt von Arthur, dann Johanna und Paul ist der Leichteste.

Zu 4.: d) Insgesamt gibt es vier Kandidaten, da jedes Land aber nur einen Präsidenten wählt, ist Antwort d) richtig.

Zu 5.: d) Wenn ich den Fünften überhole, nehme ich den Platz als Fünftplatzierter ein. Werde ich nun zweimal überholt, rutsche ich auf den siebten Platz zurück.

Zu 6.: c) Sechs Äpfel wiegen ein Kilo, das 2,5-fache, also 2,5 kg, ergeben sich durch die 2,5-fache Anzahl an Äpfel: 6 × 2,5 = 15 Äpfel

Zu 7.: b) Henry ist der Stärkste, gefolgt von Patrick, danach Linus und Andreas ist der Schwächste.

Zu 8.: a) Da Ben sorgfältiger ist als Sarah und Annika, aber lässiger ist als Michael, ist Michael der Sorgfältigste von allen vier.

Zu 9.: b) Wenn morgen Montag ist, haben wir heute Sonntag. Gestern war Samstag und der Tag davor war Freitag.

Zu 10.: b) Zur Lösung der Aufgabe stellen wir ein Gleichungssystem mit x = Anzahl Cousins und y = Anzahl Cousinen auf:
(I) $(|x| - 1) = |y|$
(II) $(|y| - 1) = 2|x|$
Gleichung (I) ist aus Sicht eines Cousins, daher steht auf der linken Seite $(x - 1)$, analog dazu Gleichung (II) aus Sicht einer Cousine. Die Variablen x und y sind in Betragsstrichen, da uns die reine Anzahl und nicht das Vorzeichen interessiert.
Auflösen von (I) nach x ergibt:
(I) × $|x| = |y| + 1$
Einsetzen von (I)× in (II):
(II) × $(|y| - 1) = 2 \times (|y| + 1)$
$|y| - 1 = 2|y| + 2$
$|y| = -3$
$y = |-3| = 3$
Insgesamt sind drei Cousinen in der Familie.

Zu 11.: b) Zusammen haben zwei Bienen und drei Spinnen 36 Beine: 6 Beine × 2 Bienen + 8 Beine × 3 Spinnen = 36 Beine. Zwölf Enten besitzen insgesamt 24 Beine, da 12 Enten × 2 Beine = 24 Beine sind. Somit fehlen noch insgesamt zwölf Hundebeine. Ein Hund hat vier Beine, damit ist Antwort b) richtig.

Zu 12.: b) Elfmal ist die richtige Antwort, da 17,99 Euro ÷ 1,50 Euro = 11,99 ergibt. In diesem Fall muss abgerundet werden.

Zu 13.: b) Vergleicht man die Angebote, zahlt man für den Einzelkauf 20 Tafeln × 0,89 Euro = 17,80 Euro. Nutzt man Angebot A, ergibt sich eine Summe von 16,80 Euro (4 × 4,20 Euro). Angebot B liegt im Mittelfeld mit 20 Tafeln für 17,00 Euro. Antwort b) ist somit korrekt.

Zu 14.: d) Zwei Hasen brauchen acht Tage, damit braucht ein Hase doppelt so lange (16 Tage), um den Rasen aufzufuttern. Teilen sich zehn Hasen die Arbeit, brauchen sie nur ein Zehntel der Zeit: 16 Tage ÷ 10 Hasen = 1,6 Tage.

Zu 15.: d) 28 Schüler sind noch anwesend, dadurch ergibt sich: p = 28 ÷ 32 × 100 % = 87,5 % (siehe Kapitel Prozentrechnung)

# Wörter ermitteln

In dieser Aufgabe sind Buchstaben durcheinander gewürfelt. In die richtige Reihenfolge gebracht, ergeben sie ein sinnvolles Wort. Setze aus den Buchstaben das Wort zusammen. Es handelt sich dabei um Substantive in der Einzahl.

Zeit: **1 Minute**

1. **A W E G A**

2. **D E U D N**

3. **P F A L E**

4. **Y A N H D**

5. **A E S N H**

6. **B D A N E**

7. **R F H Ä E**

8. **E B L K A**

9. **A L R E G**

10. **H N F A E**

11. **S D O A L**

12. **C E S E H**

13. **T M R A K**

14. **D A L N E**

15. **F P A M D**

16. **T P K A E**

17. **R T A E V**

## Lösungen: Wörter ermitteln

| | | |
|---|---|---|
| 1. WAAGE | 7. FÄHRE | 13. MARKT |
| 2. DUDEN | 8. KABEL | 14. NADEL/LADEN |
| 3. APFEL | 9. LAGER/REGAL | 15. DAMPF |
| 4. HANDY | 10. FAHNE/HAFEN | 16. PAKET |
| 5. SAHNE | 11. SALDO | 17. VATER |
| 6. ABEND | 12. ECHSE | |

## Oberbegriffe finden

Wähle aus jeweils sechs Begriffen die zwei aus, zu denen es einen gemeinsamen Oberbegriff gibt. Markiere die Buchstaben mit der korrekten Lösung. Welche beiden Wörter passen zu einem gemeinsamen Oberbegriff? Zeit: **3 Minuten**

**1.**
a) Diabetes
b) Osteomalazie
c) Skorbut
d) Influenza
e) Röteln
f) Akne

**2.**
a) Schiff
b) Meer
c) Fisch
d) Qualle
e) Delfin
f) Wal

**3.**
a) Silo
b) Flugzeug
c) Bank
d) Tresor
e) Stall
f) Weizen

**4.**
a) Golf
b) Turnen
c) Volleyball
d) Schwimmen
e) Kraftsport
f) Radfahren

**5.**
a) Wald
b) Tanne
c) Laub
d) Knolle
e) Eiche
f) Sonnenblume

**6.**
a) Tür
b) Keller
c) Sofa
d) Schrank
e) Haus
f) Dachziegel

**7.**
a) Laufstrecke
b) Kilometer
c) Ende
d) Anfang
e) Läufer
f) Zeit

**8.**
a) DVD-Player
b) Fernseher
c) Videospiel
d) CD
e) Magazin
f) Buchhandlung

9.
a) Helm
b) Motorrad
c) Pilot
d) Tragflächen
e) Flugzeug
f) Flughafen

10.
a) Wrack
b) Torso
c) Fortbewegungsmittel
d) Salz
e) Holz
f) Pinsel

Lösungen: Oberbegriffe finden

| 1. b) und c) | 5. b) und e) | 9. b) und e) |
|---|---|---|
| 2. e) und f) | 6. c) und d) | 10. a) und b) |
| 3. a) und d) | 7. c) und d) | |
| 4. a) und c) | 8. a) und b) | |

Zu 1.: Vitamin-Mangel (Vit. D bzw. Vit. C)

Zu 2.: Säugetiere

Zu 3.: Speicher

Zu 4.: Ballsportarten

Zu 5.: Baumart

Zu 6.: Möbel

Zu 8.: Abspielgeräte

Zu 9.: Fortbewegungsmittel

## Tatsache oder Meinung

Bei dieser Aufgabe musst du prüfen, ob es sich bei den Aussagen um eine Tatsache oder eine Meinung handelt. Zeit: **5 Minuten**

1. Fliegen ist gefährlich.

2. Der Weltraum ist mysteriös.

3. Manche Menschen behaupten, die Erde sei eine Scheibe.

4. Manche Politiker lügen.

5. Politiker lügen oft.

6. Rauchen ist ungesund.

7. Rosen riechen gut.

8. Lesen bildet.

9. Reichtum macht das Leben leichter.

10. Menschen sind soziale Lebewesen.

11. Es ist nicht alles Gold was glänzt.

12. Wohnungskatzen zu halten ist Tierquälerei.

13. Rotwein passt am besten zu rotem Fleisch.

14. Filme werden immer aufwendiger produziert.

15. Von Alkohol bekommen einige Menschen Kopfschmerzen.

16. Das Universum ist unendlich.

17. Väter sind reich an Erfahrung.

18. Junge Menschen sind aktiver als alte.

19. Kochen ist eine Kunst.

20. Pflanzen haben ein Bewusstsein, behaupten manche Personen.

## Lösungen: Tatsache oder Meinung

| 1. Meinung | 8. Meinung | 15. Tatsache |
|---|---|---|
| 2. Meinung | 9. Meinung | 16. Meinung |
| 3. Tatsache | 10. Tatsache | 17. Meinung |
| 4. Tatsache | 11. Tatsache | 18. Meinung |
| 5. Meinung | 12. Meinung | 19. Meinung |
| 6. Tatsache | 13. Meinung | 20. Tatsache |
| 7. Meinung | 14. Meinung | |

# Schlussfolgerungen / Syllogismen I

In Einstellungstests werden häufig bestimmte Aussagen getroffen oder Regeln und Einzelfälle genannt, die zu bestimmten Ergebnissen führen. Du musst dann entscheiden, ob die Aussage stimmt oder zu welchem Ergebnis die Regeln und Einzelfälle führen.

> **Beispiel**
> Welcher Weg ist der kürzeste?
> Weg A ist länger als Weg B.
> Weg B ist kürzer als Weg C.
> Weg C ist gleich kurz wie Weg D.
> Weg D ist kürzer als Weg A.
> Lösung: Weg B ist der kürzeste.
> Erklärung:
> A > B
> C > B
> C = D daraus folgt (C = D) > B und A > B -> Weg B ist der kürzeste
> A > D daraus folgt A > C&D > B -> Weg B ist der kürzeste

Welche der angebotenen Schlussfolgerungen ist richtig?

**Zeit: 10 Minuten**

1. Alle Europäer sind Rechtshänder. Alle Rechtshänder sind Mechaniker.
a) Einige Mechaniker sind Europäer.
b) Alle Mechaniker sind Europäer.
c) Alle Rechtshänder sind Europäer.
d) Nicht alle Europäer sind Mechaniker.

2. Kein Schüler ist Lehrer. Einige Lehrer sind Beamte. Jemand ist entweder Schüler oder Lehrer. Ein Beamter kann, muss aber nicht, Lehrer sein.
a) Alle Schüler sind Beamte.
b) Alle Beamte sind Schüler.
c) Kein Schüler ist Beamter.
d) Einige Beamte könnten Schüler sein.

3. Einige Tiere sind Säugetiere. Alle Säugetiere sind grün.

a) Alle Tiere sind grün.
b) Einige Tiere sind grün.
c) Keines der Tiere ist grün.
d) Einige Tiere sind braun.

4. Alle Smartphones haben eine Kamera. Einige Kameras sind hochauflösend.
a) Alle Smartphones haben eine hochauflösende Kamera.
b) Einige Smartphones haben eine hochauflösende Kamera.
c) Keins der Smartphones hat eine hochauflösende Kamera.
d) Alle Kameras sind hochauflösend.

5. Alle Rennbahnen sind Straßen. Alle Straßen sind Verkehrsflächen.
a) Alle Rennbahnen sind Verkehrsflächen.
b) Keine Rennbahn ist eine Verkehrsfläche.
c) Keine Straße ist eine Verkehrsfläche.
d) Alle Straßen sind Rennbahnen.

6. Alle Scheren sind Pflanzen. Einige Scheren sind groß.
a) Alle Pflanzen sind groß.
b) Einige Pflanzen sind groß.
c) Keine der Pflanzen ist groß.
d) Alle Pflanzen sind klein.

7. Alle Komiker sind Unterhalter. Einige Unterhalter sind Musiker.
a) Alle Musiker sind nicht Komiker.
b) Alle Musiker sind Komiker.
c) Einige Musiker sind Komiker.
d) Kein Musiker ist ein Komiker.

8. Alle Italiener essen Pizza. Alle Italiener sind Europäer.
a) Einige Europäer essen Pizza.
b) Alle Europäer essen Pizza.
c) Alle Europäer sind Italiener.
d) Kein Europäer ist ein Italiener.

9. Alle Piloten sind Abenteurer. Keine Abenteurer sind Bergsteiger.
a) Einige Piloten sind keine Bergsteiger.
b) Alle Piloten sind keine Bergsteiger.

c) Einige Bergsteiger sind Piloten.

d) Alle Bergsteiger sind Piloten.

10. Einige Fluglinien verwenden alte Flugzeuge. Alte Flugzeuge sind sicher.

a) Alle Fluglinien sind sicher.

b) Einige Fluglinien verwenden sichere Flugzeuge.

c) Alle sicheren Flugzeuge sind alt.

d) Keines der sicheren Flugzeuge ist alt.

11. Einige Zahlen sind Primzahlen. Primzahlen sind immer schwarz.

a) Alle schwarzen Zahlen sind Primzahlen.

b) Einige schwarze Zahlen sind Primzahlen.

c) Alle Zahlen sind schwarz.

d) Zahlen sind entweder schwarz oder weiß.

12. Alle Polizisten sind schnell. Einige Menschen sind schnell. Schnelle Polizisten sind Menschen.

a) Alle Polizisten sind Menschen.

b) Alle Menschen sind Polizisten.

c) Alle schnellen Menschen sind Polizisten.

d) Kein Mensch ist ein Polizist.

e) Schnelle Polizisten sind keine Menschen.

13. Ein Pandabär ist ein Säugetier. Einige Säugetiere sind Affen. Ein Säugetier ist entweder ein Affe oder ein Pandabär.

a) Einige Pandabären sind Affen.

b) Alle Pandabären sind Affen.

c) Ein Affe kann ein Säugetier sein.

d) Alle Affen sind Säugetiere.

e) Ein Pandabär kann ein Affe sein.

14. Alle Universitäten haben Gebäude. Einige Gebäude sind einsturzgefährdet.

a) Alle Universitäten sind einsturzgefährdet.

b) Alle einsturzgefährdeten Gebäude sind Universitäten.

c) Einige Universitäten haben einsturzgefährdete Gebäude.

d) Ein einsturzgefährdetes Gebäude kann eine Universität sein.

## Lösungen

| 1. a) | 6. b) | 11. b) |
|-------|-------|--------|
| 2. d) | 7. c) | 12. a) |
| 3. b) | 8. a) | 13. c) |
| 4. b) | 9. b) | 14. d) |
| 5. a) | 10. b) | |

Zu 1.: a) Europäer -> Rechtshänder -> Mechaniker; die Reihe funktioniert nur in eine Richtung, somit ist Schlussfolgerung b) und c) falsch. Da alle Europäer Rechtshänder und alle Rechtshänder Mechaniker sind, stimmt d) ebenfalls nicht. Somit ist a) korrekt.

Zu 2.: d) Da nicht ausgeschlossen wird, dass Schüler auch Beamte sein könnten, ist in diesem Fall Antwort d) richtig.

Zu 3.: b) einige Tiere -> Säugetiere; Säugetiere -> grün. Wenn in der ersten Aussage das letzte und in der zweiten Aussage das erste Wort inhaltlich übereinstimmen, kann der Zwischenschritt weggelassen werden.

Zu 4.: b) Smartphones -> Kamera; einige Kameras -> hochauflösend. Wenn alle Smartphones eine Kamera besitzen, aber nicht alle Kameras hochauflösend sind, gibt es Kameras mit und ohne hochauflösender Grafik. Antwort b) ist korrekt.

Zu 5.: a) Rennbahnen -> Straßen; Straßen -> Verkehrsflächen. Wie in Aufgabe 3 kann der Zwischenschritt entfernt werden, wenn er identisch ist.

Zu 6.: b) Scheren -> Pflanzen; einige Scheren -> groß. Da es mehr Pflanzen gibt als nur Scheren, fällt Antwort a) weg. Antwort c) und d) schließen sich ebenfalls aus, da nicht alle Pflanzen groß sind, aber auch nicht alle klein (siehe Teilschritt 2).

Zu 7.: c) Komiker -> Unterhalter; einige Unterhalter -> Musiker. Nur Antwort c) ist korrekt, da die Reihe auch umgedreht werden kann: einige Musiker, Unterhalter, Komiker.

Zu 8.: a) Italiener -> Pizza; Italiener -> Europäer. Da die Italiener nur ein Teil von Europa sind, essen einige Europäer Pizza. Gleiche Erklärung für Ausschluss b), c) und d).

Zu 9.: b) Piloten -> Abenteurer; Abenteurer -> kein Bergsteiger. Um den Zwischenschritt zu entfernen, wird die Aussage „gedreht".

Zu 10.: b) einige Fluglinien -> alte Flugzeuge; alte Flugzeuge sicher. Der Zwischenschritt kann übersprungen werden.

Zu 11.: b) einige Zahlen -> Primzahlen; Primzahlen -> schwarz. Es ist anzunehmen, dass mehrere Farben und mehr schwarze Zahlenarten existieren, nicht nur die Primzahlen, daher stimmen die Aussagen a), c) und d) nicht.

Zu 12.: a) Da alle Polizisten schnell sind und schnelle Polizisten Menschen sind, sind somit alle Polizisten Menschen.

Zu 13.: c) Es wird nicht ausgeschlossen, dass Affen etwas anderes sein können als Säugetiere, deshalb ist c) richtig.

Zu 14.: d) Einige Gebäude sind einsturzgefährdet. Aufgrund der Tatsache, dass nicht alle Gebäude einsturzgefährdet sind, sind es auch nicht alle Universitäten. Antwort a) ist falsch. Nicht nur in der Universität existieren einsturzgefährdete Gebäude, somit fällt Antwort b) weg.

Da nicht klar definiert ist, ob die Gebäude, die einsturzgefährdet sind, zu einer Universität gehören, ist c) ebenfalls falsch. Nur Antwort d) berücksichtigt alle Aspekte und nennt eine wahre Schlussfolgerung.

# Schlussfolgerungen / Syllogismen II

Bei dieser Aufgabe musst du Schlussfolgerungen überprüfen, die aufgrund bestimmter Behauptungen aufgestellt wurden. Die Aufgabe wird durch absurde Aussagen erschwert, was für Verwirrung sorgen soll. Den realen Bezug zu den einzelnen Aussagen kannst du dabei außer Acht lassen. Konzentriere dich lieber auf die Kernaussagen.

Markiere die Antworten jeweils mit „richtig" oder „falsch".

**Beispiel:**
Alle Hunde essen Bananen. Bananen können fliegen. Also könne alle Hunde fliegen.

**Lösung:** Falsch. Nur weil Hunde Bananen essen und Bananen fliegen können, heißt das nicht, dass Hunde auch fliegen können.

Zeit: **10 Minuten**

1. Niemand mit blauer Nase kann Bundeskanzler sein. Alle Menschen haben blaue Nasen. Also kann kein Mensch Bundeskanzler sein.
a) richtig          b) falsch

2. Alle Pflanzen haben Fenster. Alle Fenster haben Briefe. Deshalb haben alle Pflanzen Briefe.
a) richtig          b) falsch

3. Alle Giraffen sind Kunstsammler. Manche Kunstsammler sitzen in Käfigen. Also sitzen manche Giraffen in Käfigen.
a) richtig          b) falsch

4. Alle Radios können lesen. Kühlschränke können schreiben. Also können Radios Kühlschränke schreiben.
a) richtig          b) falsch

5. Kühlschränke können schreiben, aber nicht lesen. Radios können lesen, aber nicht schreiben. Töpfe können lesen und schreiben. Also sind Töpfe intelligenter als Radios und Kühlschränke.
a) richtig          b) falsch

6. Mützen können alles beißen. Alle Autos sind Mützen und alle Mäuse sind eckig, weil sie Mützen essen. Also können alle Autos beißen.
a) richtig        b) falsch

7. Wenn alle Bauern verheiratet und alle Verheirateten Rentner sind, sind also alle Verheirateten Bauern.
a) richtig        b) falsch

8. Wenn alle rosa Elefanten zur Schule gehen und lesen können und rote Kugelschreiber nur rosa Elefanten sind, wenn sie singen und zur Arbeit gehen, dann sind also rosa Elefanten rote Kugelschreiber.
a) richtig        b) falsch

9. Elefanten tauchen gerne unter. Bäume auch. Also sind Elefanten Bäume.
a) richtig        b) falsch

10. Einige Kohlköpfe sind Lokomotiven. Einige Lokomotiven spielen Klavier. Also spielen einige Kohlköpfe Klavier.
a) richtig        b) falsch

11. Alle Raupen sind Busfahrer. Alle Busfahrer können fliegen, weil sie Krokodile sind. Krokodile haben zwei Beine. Alle Raupen haben deshalb zwei Beine.
a) richtig        b) falsch

12. Einige Raupen sind Häuser und alle Häuser lieben Käse. Also lieben alle Raupen Käse.
a) richtig        b) falsch

13. Kühe können fliegen, weil sie Flügel haben. Vögel haben keine Flügel. Also können Vögel nicht fliegen.
a) richtig        b) falsch

14. Alle Bleistifte sind Würmer. Würmer können fliegen. Also können alle Bleistifte fliegen.
a) richtig        b) falsch

15. Einige Hunde sind alt. Die meisten alten Hunde haben keine Zähne. Daraus folgt alte Hunde sind Hunde mit und ohne Zähne.
a) richtig        b) falsch

16. Keine zwei Baumarten sehen gleich aus. Birken und Pappeln sehen genau gleich aus. Also sind Birken und Pappeln nicht zwei Baumarten.
a) richtig        b) falsch

**Lösungen**

Zu 1.: a) Richtig. Wenn alle Menschen blaue Nasen haben, kann auch keiner Bundeskanzler werden.

Zu 2.: a) Richtig. Wenn alle Pflanzen Fenster und alle Fenster Briefe haben, muss jede Pflanze auch Briefe haben.

Zu 3.: b) Falsch. Auch wenn einige Giraffen Kunstsammler sind, heißt das nicht gleichzeitig, dass Kunstsammler auch Giraffen sind. Also sitzen nur manche Kunstsammler in Käfigen.

Zu 4.: b) Falsch. Es gibt keinen Zusammenhang. Es wird weder gesagt, dass Radios schreiben können noch, dass sie Kühlschränke schreiben können.

Zu 5.: b) Falsch. Nur weil Töpfe lesen und schreiben können sagt das nichts über ihre Intelligenz aus.

Zu 6.: a) Richtig. Weil alle Autos Mützen sind, haben Autos die gleichen Eigenschaften wie Mützen. Also können Autos alles beißen.

Zu 7.: b) Falsch. Nur weil es heißt, dass alle Bauern verheiratet sind, heißt das noch lange nicht, dass alle Verheirateten Bauern sind.

Zu 8.: b) Falsch. Rosa Elefanten gehen zur Schule und rote Kugelschreiber sind nur rosa Elefanten, wenn sie singen und zur Arbeit gehen. Somit sind nicht alle Elefanten rote Kugelschreiber.

Zu 9.: b) Falsch. Nur weil Elefanten gerne tauchen, sind sie keine Bäume.

Zu 10.: b) Falsch. Auch wenn einige Kohlköpfe Lokomotiven sind, heißt das nicht gleichzeitig, dass Lokomotiven auch Kohlköpfe sind. Also spielen nur einige Lokomotiven Klavier.

Zu 11.: a) Richtig. Weil alle Raupen Busfahrer sind und Busfahrer fliegen können, weil sie Krokodile sind, müssen alle Raupen zwei Beine haben.

Zu 12.: b) Falsch. Es sind nicht alle Raupen Häuser, also lieben auch nicht alle Raupen Käse.

Zu 13.: b) Falsch. Die Kühe können fliegen, weil sie Flügel haben. Also dürften Vögel auch keine Flügel haben, um fliegen zu können.

Zu 14.: a) Richtig. Wenn alle Bleistifte Würmer sind und Würmer fliegen können, dann können auch alle Bleistifte fliegen.

Zu 15.: a) Richtig. Die meisten Hunde haben keine Zähne, das heißt aber nicht, dass alle alten Hunde keine Zähen haben.

Zu 16.: a) Richtig. Wenn Birken und Pappeln genau gleich aussehen, können sie keine zwei Baumarten sein.

# Zahnrad-Aufgaben

Zeit: **5 Minuten**

1. Welche Drehrichtung ist bei diesen Zahnrädern richtig eingezeichnet?

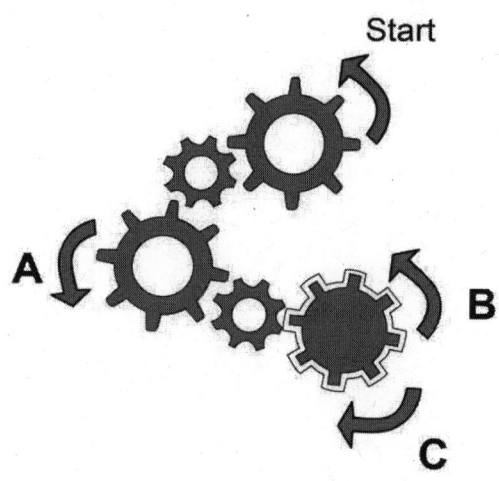

a) A und B

b) nur B

c) nur C

d) nur A

2. Welche Drehrichtung ist bei diesen Zahnrädern richtig eingezeichnet?

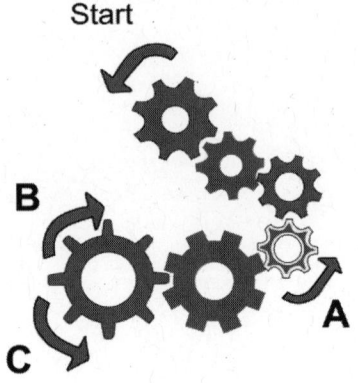

a) A und B      c) nur B

b) nur A      d) nur C

3. Welche Drehrichtung ist bei diesen Zahnrädern richtig eingezeichnet?

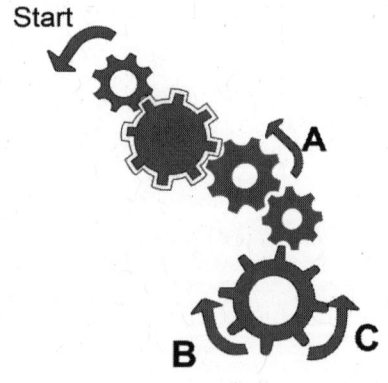

a) A und B      c) nur A

b) A und C      d) nur B

4. Welche Drehrichtung ist bei diesen Zahnrädern richtig eingezeichnet?

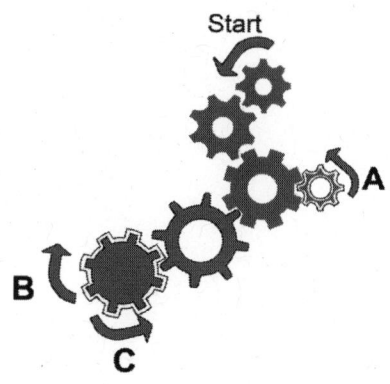

a) A und B                    c) nur B
b) A und C                    d) nur C

5. Welche Drehrichtung ist bei diesen Zahnrädern richtig eingezeichnet?

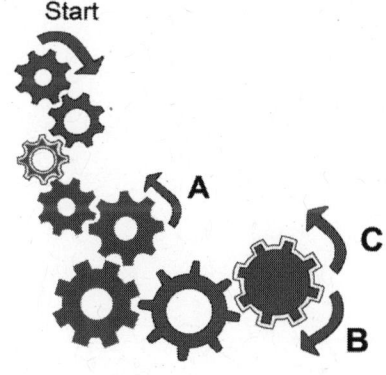

a) A und B                    c) nur B
b) A und C                    d) nur C

6. Welche Drehrichtung ist bei diesen Zahnrädern richtig eingezeichnet?

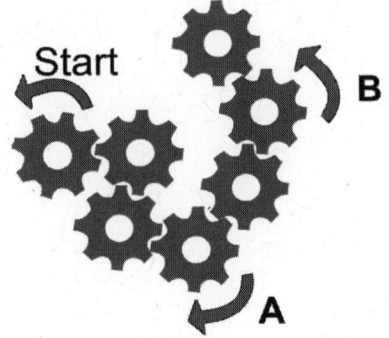

a) A und B        c) nur B

b) nur A          d) nicht A und nicht B

7. Welche Drehrichtung ist bei diesen Zahnrädern richtig eingezeichnet?

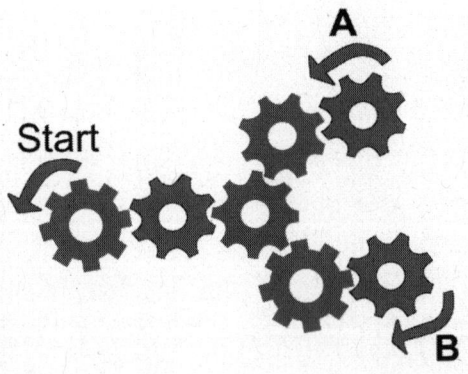

a) A und B        c) nur B

b) nur A          d) nicht A und nicht B

8. Welche Drehrichtung ist bei diesen Zahnrädern richtig eingezeichnet?

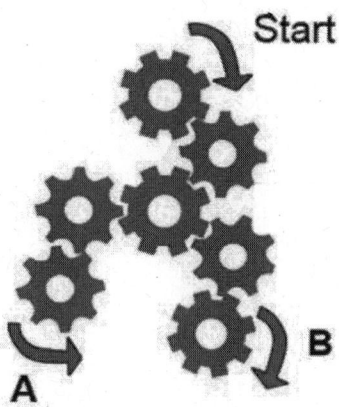

a) A und B
b) nur A

c) nur B
d) nicht A und nicht B

9. Welche Drehrichtung ist bei diesen Zahnrädern richtig eingezeichnet?

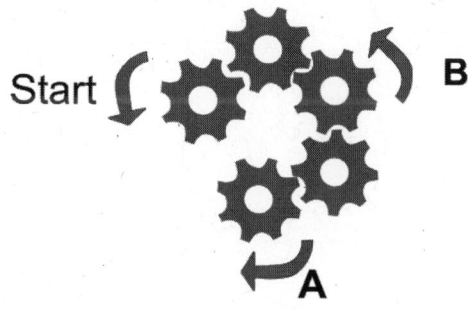

a) A und B
b) nur A

c) nur B
d) nicht A und nicht B

10. Welche Drehrichtung ist bei diesen Zahnrädern richtig eingezeichnet?

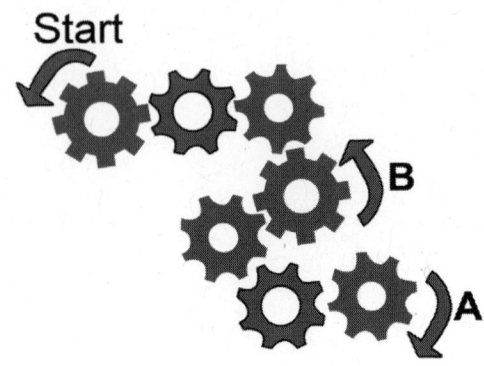

a) A und B

b) nur A

c) nur B

d) nicht A und nicht B

Lösungen: Zahnrad-Aufgaben

| 1. a) | 5. d) | 9. c) |
|-------|-------|--------|
| 2. c) | 6. b) | 10. d) |
| 3. b) | 7. b) | |
| 4. d) | 8. c) | |

## Dominosteine

Die folgenden Aufgaben kommen häufig in Einstellungstests vor. Wenn du das System einmal durchschaut hast, sind sie jedoch leicht zu lösen.

Die Augenzahl der Dominosteine ist in einem bestimmten Schema angeordnet. Es bleibt jeweils ein Feld in den drei Reihen leer. Deine Aufgabe ist es, die versteckte Regel einer Dominoreihe zu finden und den einzig logisch ergänzenden Stein aus dem Lösungsblock zu bestimmen. Betrachte dabei die erste und die zweite Reihe der Augenzahl auf einem Dominostein separat.

Es sind folgende Schemata möglich: aufsteigende Reihe, absteigende Reihe, Addition, Subtraktion, wiederkehrende Folgen.

Zeit: **5 Minuten**

**1.**

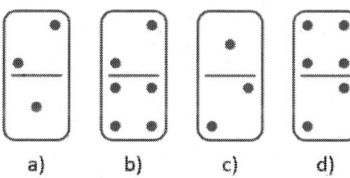

**2.**

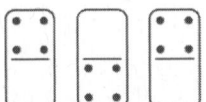

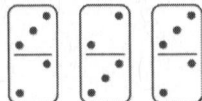

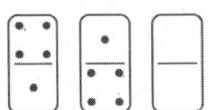

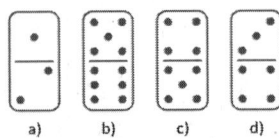

a)     b)     c)     d)

**3.**

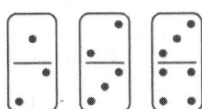

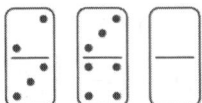

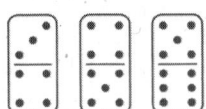

**4.**

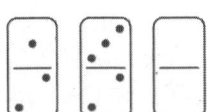

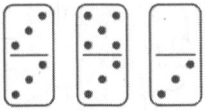

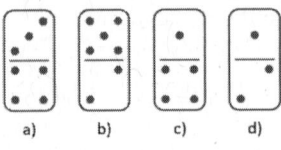

a)     b)     c)     d)

Dominosteine

**5.**

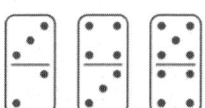
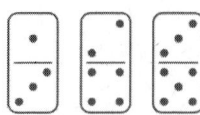
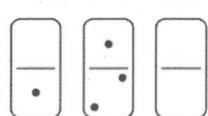

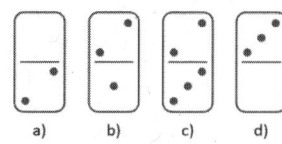

a)    b)    c)    d)

**6.**

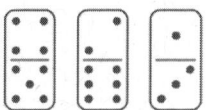

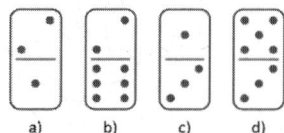

a)    b)    c)    d)

**7.**

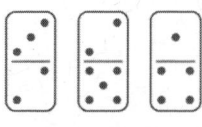
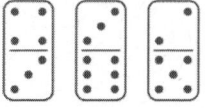

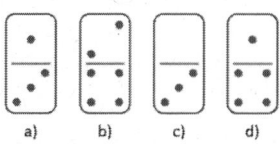

a)    b)    c)    d)

**8.**

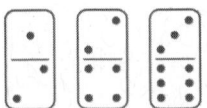

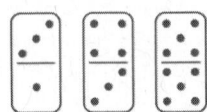

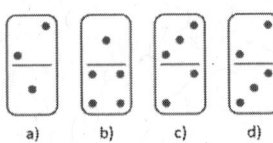

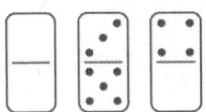

**9.**

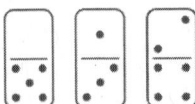

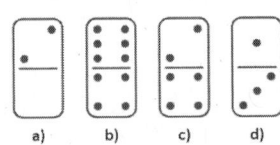

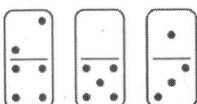

Lösungen: Dominosteine

| 1. d) | 4. b) | 7. d) |
|-------|-------|-------|
| 2. a) | 5. c) | 8. d) |
| 3. c) | 6. b) | 9. c) |

# Würfeldrehen

Bei dieser Aufgabe erhältst du jeweils einen Würfel. Wähle aus fünf Vorlagen den Würfel, der zu der abgebildeten Ausgangsformation passt. Markiere den Buchstaben mit der korrekten Lösung.

Welcher Würfel passt zur Ausgangsformation? Zeit: **5 Minuten**

**1.**

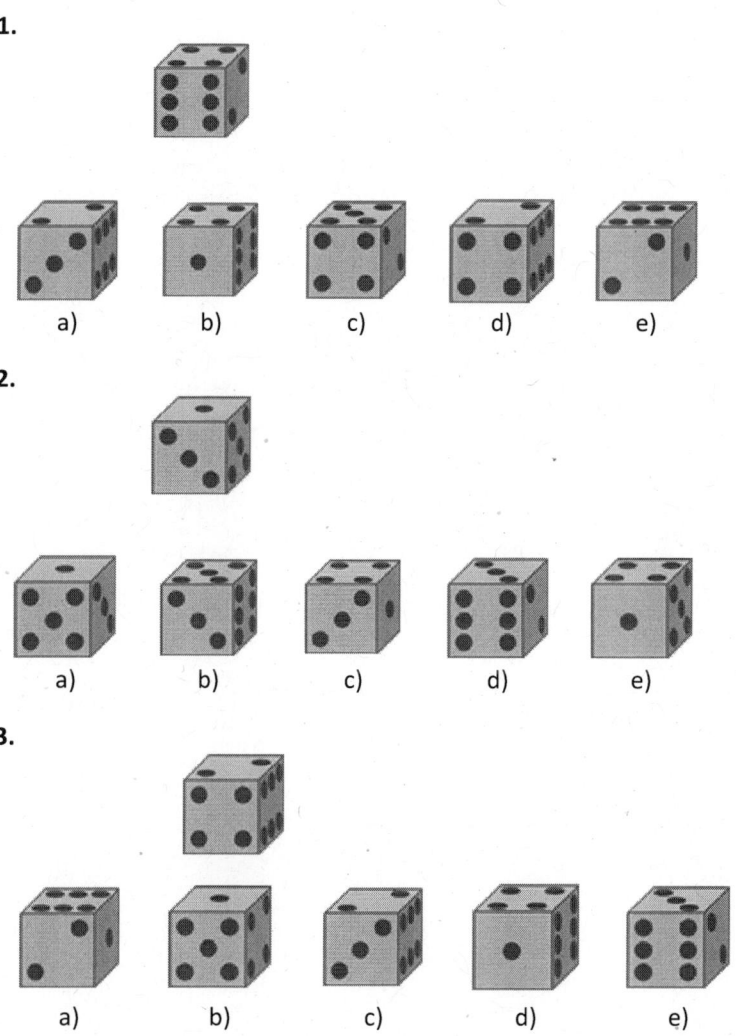

**2.**

**3.**

**4.**

a)　　　　　b)　　　　　c)　　　　　d)　　　　　e)

**5.**

a)　　　　　b)　　　　　c)　　　　　d)　　　　　e)

**6.**

a)　　　　　b)　　　　　c)　　　　　d)　　　　　e)

## Lösungen: Würfeldrehen

| 1. d) | 3. b) | 5. a) |
|-------|-------|-------|
| 2. e) | 4. c) | 6. c) |

Zu 1.: d) Den Würfel links kippen und 90° im Uhrzeigersinn drehen.

Zu 2.: e) Den Würfel nach vorne kippen.

Zu 3.: b) Den Würfel 90° gegen den Uhrzeigersinn drehen und nach hinten kippen.

Zu 4.: c) Den Würfel nach vorne kippen und 90° im Uhrzeigersinn drehen.

Zu 5.: a) Den Würfel zweimal nach rechts kippen.

Zu 6. c) Den Würfel 90° gegen den Uhrzeigersinn drehen und nach hinten kippen.

## Spiegelungen

Aufgaben mit Spiegelbildern kommen in Einstellungstests häufig vor, um dein räumliches Vorstellungsvermögen zu testen. Du findest fünf Figuren vor, von denen du immer vier durch Drehen zur Deckung bringen bzw. genau übereinanderlegen kannst. Bei einer Figur ist dies nicht möglich – sie wurde gespiegelt und ist also nicht deckungsgleich mit den anderen. Finde die gespiegelte Figur aus der jeweiligen Reihe heraus.

Zeit: **15 Minuten**

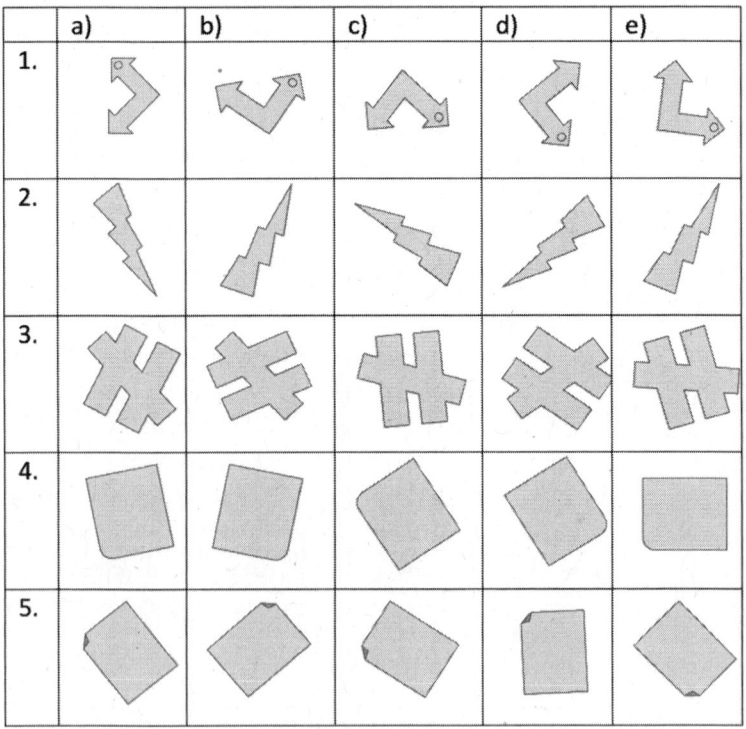

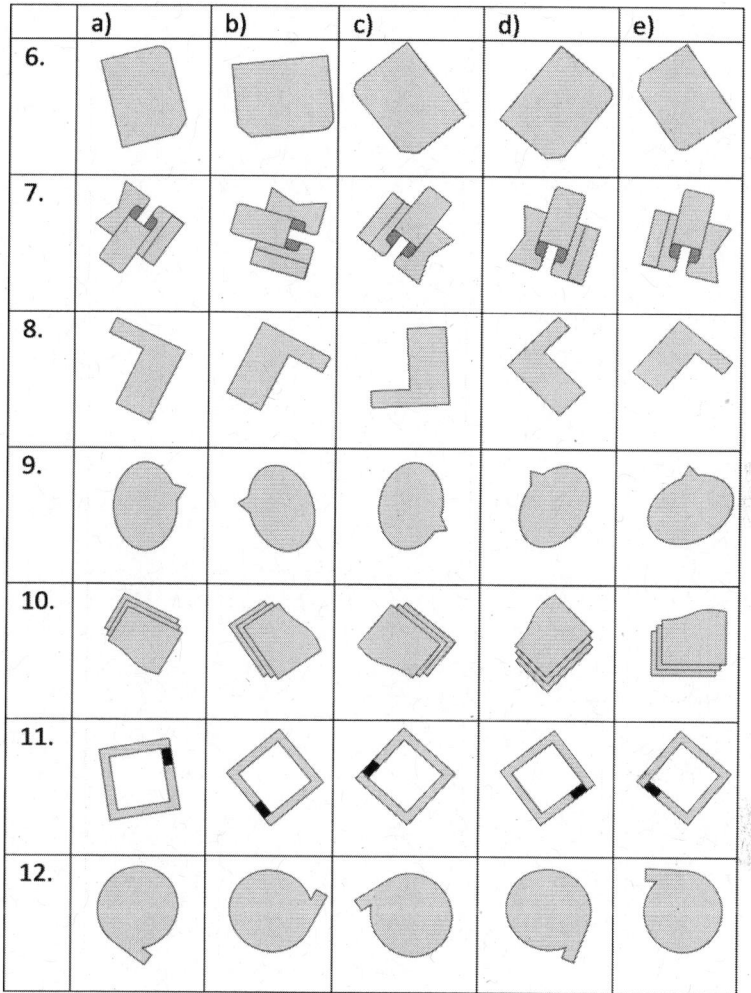

|      | a) | b) | c) | d) | e) |
|------|----|----|----|----|----|
| 6.   |    |    |    |    |    |
| 7.   |    |    |    |    |    |
| 8.   |    |    |    |    |    |
| 9.   |    |    |    |    |    |
| 10.  |    |    |    |    |    |
| 11.  |    |    |    |    |    |
| 12.  |    |    |    |    |    |

| | a) | b) | c) | d) | e) |
|---|---|---|---|---|---|
| 13. | | | | | |
| 14. | | | | | |
| 15. | | | | | |
| 16. | | | | | |
| 17. | | | | | |
| 18. | | | | | |
| 19. | | | | | |

| | a) | b) | c) | d) | e) |
|---|---|---|---|---|---|
| 20. | | | | | |
| 21. | | | | | |
| 22. | | | | | |
| 23. | | | | | |
| 24. | | | | | |
| 25. | | | | | |
| 26. | | | | | |

|      | a) | b) | c) | d) | e) |
|------|----|----|----|----|----|
| 27.  |    |    |    |    |    |
| 28.  |    |    |    |    |    |

Lösungen: Spiegelungen

| | | |
|---|---|---|
| 1. c)  | 11. e) | 21. c) |
| 2. d)  | 12. d) | 22. b) |
| 3. b)  | 13. b) | 23. e) |
| 4. a)  | 14. a) | 24. b) |
| 5. e)  | 15. b) | 25. d) |
| 6. c)  | 16. e) | 26. b) |
| 7. d)  | 17. a) | 27. e) |
| 8. a)  | 18. d) | 28. c) |
| 9. a)  | 19. e) |        |
| 10. a) | 20. a) |        |

## Flächen zählen

Bei dieser Aufgabe musst du sämtliche Flächen eines Körpers zählen. Denke daran, auch die nicht sichtbaren Flächen immer mitzuzählen.

Zeit: **5 Minuten**

1.

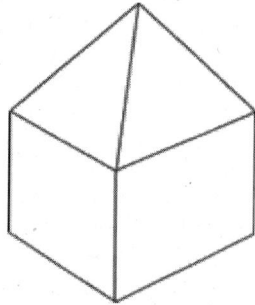

Anzahl der Flächen:

3.

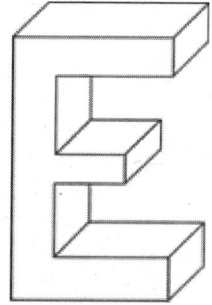

Anzahl der Flächen:

2.

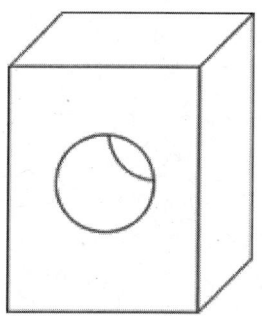

Anzahl der Flächen:

4.

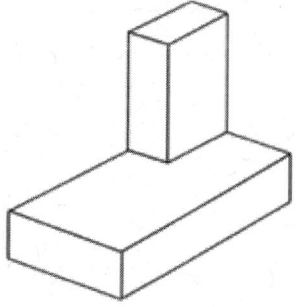

Anzahl der Flächen:

5.

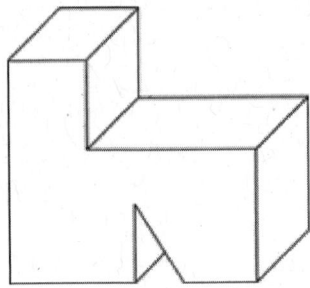

Anzahl der Flächen:

7.

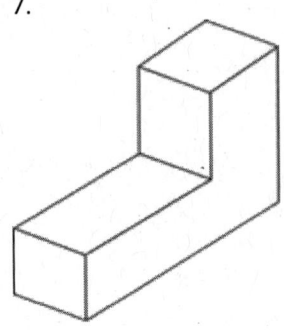

Anzahl der Flächen:

6.

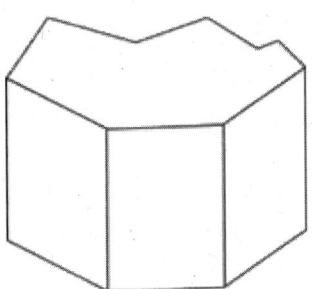

Anzahl der Flächen:

8.

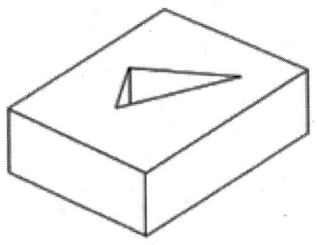

Anzahl der Flächen:

**Lösungen:**
Zu 1.: 9
Zu 2.: 7
Zu 3.: 14
Zu 4.: 9
Zu 5.: 11
Zu 6.: 11
Zu 7.: 8
Zu 8.: 9

# Konzentration

Durch Aufgaben zur Konzentrationsfähigkeit versuchen Arbeitgeber, Vor-
hersagen zu treffen, wie gründlich, schnell und zuverlässig jemand arbeitet. Trotzdem sollte man sich als Bewerber nicht aus der Ruhe bringen
lassen und versuchen, in der gegebenen Zeit so viele Aufgaben wie möglich zu lösen.

## bqpd-Test

Aus der folgenden Buchstabenreihe muss jeder Buchstabe d, der durch
zwei Striche gekennzeichnet ist, markiert werden. Folgende Kombinatio-
nen gelten dabei als richtig:

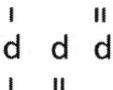

Zeit: **3 Minuten**

1. Wie viele Markierungen (Treffer) hat die folgende Zeile:

b d b d b d b d b d b b b d d d d b d d q d b q d

Anzahl:

2. Wie viele Markierungen (Treffer) hat die folgende Zeile:

d b d b b d b q b b d b d q d b d b d d d d d b d

Anzahl:

3. Wie viele Markierungen (Treffer) hat die folgende Zeile:

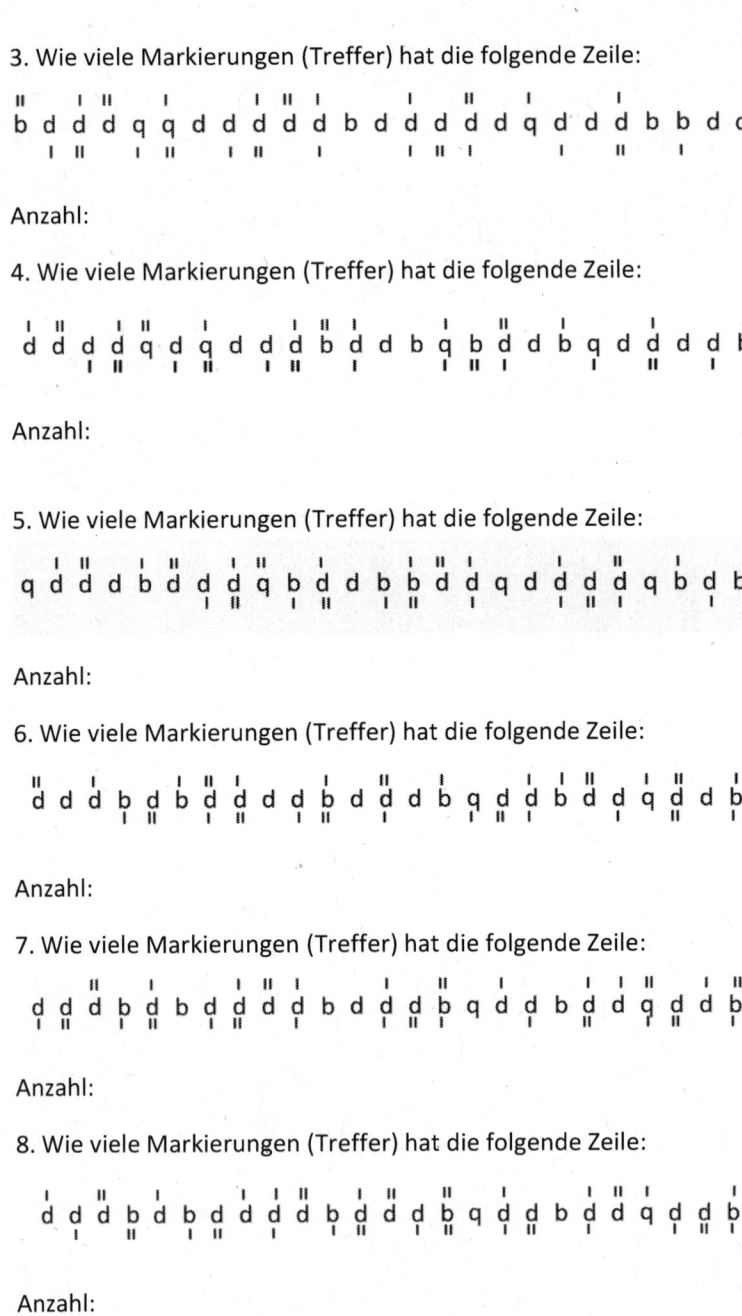

Anzahl:

4. Wie viele Markierungen (Treffer) hat die folgende Zeile:

Anzahl:

5. Wie viele Markierungen (Treffer) hat die folgende Zeile:

Anzahl:

6. Wie viele Markierungen (Treffer) hat die folgende Zeile:

Anzahl:

7. Wie viele Markierungen (Treffer) hat die folgende Zeile:

Anzahl:

8. Wie viele Markierungen (Treffer) hat die folgende Zeile:

Anzahl:

9. Wie viele Markierungen (Treffer) hat die folgende Zeile:

```
    I        I  II  I         I        II  I        I  I  II    I  II      I  II
d  b  d  b  b  d  b  q  b  b  d  b  d  q  d  b  d  b  d  d  d  d  d  b  d
   II     I  II      I  II      I              I  II  I  II        II  II  I      I  I
```

Anzahl:

10. Wie viele Markierungen (Treffer) hat die folgende Zeile:

```
II  I        I  I  II    I  II      I  II      I        I  II  I        I        II
d  b  d  b  b  d  b  q  b  b  d  b  d  q  d  b  d  b  d  d  d  d  d  b  d
   I  II  I  II        II  II  I         I  I        II        I  II      I  II      I
```

Anzahl:

Lösungen

| 1. 4 Treffer | 5. 6 Treffer | 9. 6 Treffer |
|---|---|---|
| 2. 2 Treffer | 6. 5 Treffer | 10. 4 Treffer |
| 3. 5 Treffer | 7. 7 Treffer | |
| 4. 2 Treffer | 8. 10 Treffer | |

## Weg/Pfad finden

Jeder Pfad führt von einem Buchstaben zu einer bestimmten Zahl. Versuche, den Pfad nachzuvollziehen und ordne den Buchstaben die passende Zahl zu.

Zeit: **3 Minuten**

1. Aufgabe

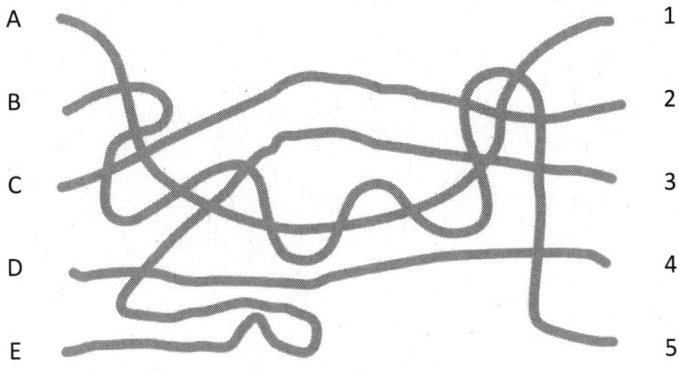

Trage die zugehörigen Zahlen ein:

A -          B -          C -          D -          E -

# Weg/Pfad finden

## 2. Aufgabe

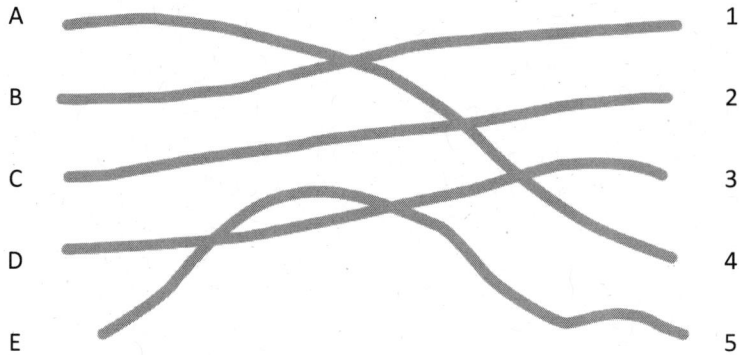

Trage die zugehörigen Zahlen ein:

A -  B -  C -  D -  E -

## 3. Aufgabe

Trage die zugehörigen Zahlen ein:

A -  B -  C -  D -  E -

## 4. Aufgabe

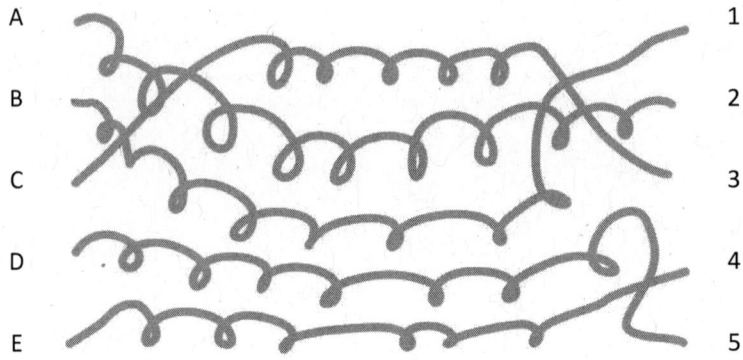

Trage die zugehörigen Zahlen ein:

A -           B -           C -           D -           E -

## 5. Aufgabe

Trage die zugehörigen Zahlen ein:

A -           B -           C -           D -           E -

6. Aufgabe

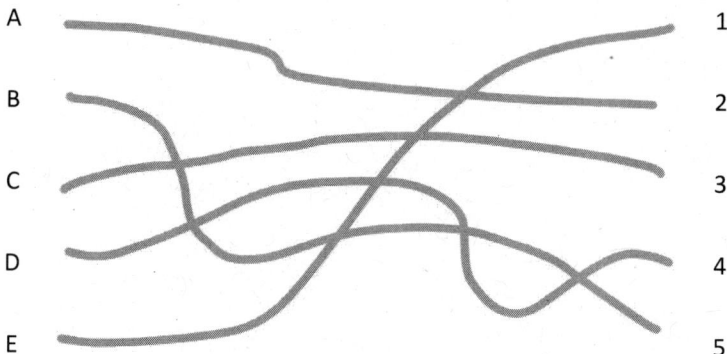

Trage die zugehörigen Zahlen ein:

A -         B -         C -         D -         E -

7. Aufgabe

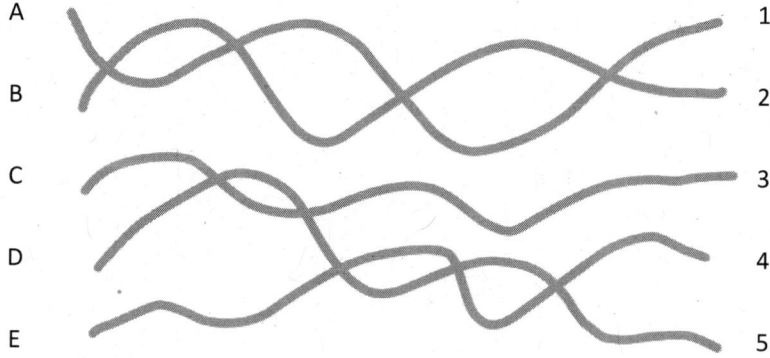

Trage die zugehörigen Zahlen ein:

A -         B -         C -         D -         E -

## 8. Aufgabe

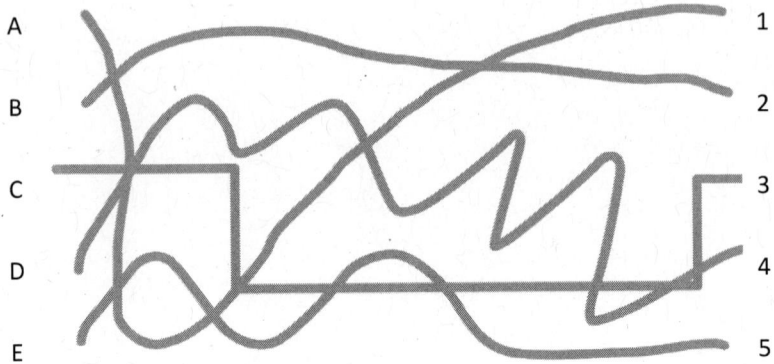

Trage die zugehörigen Zahlen ein:

A -          B -          C -          D -          E -

## 9. Aufgabe

Trage die zugehörigen Zahlen ein:

A -          B -          C -          D -          E -

## 10. Aufgabe

Trage die zugehörigen Zahlen ein:

A -          B -          C -          D -          E -

## Lösungen

1. A 1, B 5, C 2, D 4, E 3

2. A 4, B 1, C 2, D 3, E 5

3. A 5, B 1, C 2, D 3, E 4

4. A 2, B 1, C 3, D 5, E 4

5. A 5, B 2, C 3, D 1, E 4

6. A 2, B 5, C 3, D 4, E 1

7. A 1, B 2, C 3, D 5, E 4

8. A 1, B 2, C 3, D 4, E 5

9. A 1, B 2, C 5, D 3, E 4

10. A 3, B 2, C 4, D 5, E 1

## Stadtplan einprägen

Bei dieser Aufgabe musst du dir in **3 Minuten** einen Stadtplan einprägen. Im Anschluss musst du dazu einige Fragen beantworten.

Bitte beantworte jetzt folgende Fragen zum Stadtplan.

Zeit: **2 Minuten**

1. Wie heißt die Straße, in der sich die Schule befindet?
a) Frankfurter Allee
b) Biesenthaler Straße
c) Bismarckstraße
d) Charlottenburger Chaussee

2. Wie heißt die Straße, in der sich der Friedhof befindet?
a) Kaiser-Wilhelm-Allee
b) Fliederweg
c) Leipziger Straße
d) Kaiserallee

3. Wie heißt die Straße, in der sich das Kino befindet?
a) Leipziger Straße
b) Bismarckstraße
c) Beerenstraße
d) Beethovenplatz

4. Wie heißt die Straße, in der sich der Bahnhof befindet?
a) Leipziger Straße
b) Nietzschestraße
c) Kaiser-Wilhelm-Allee
d) Willy-Brandt-Platz

5. Welche Einrichtung befindet sich am Bärenweg?
a) Feuerwehr
b) Golfplatz
c) Parkplatz
d) Seebad

6. Welche Einrichtung befindet sich an der Charlottenburger Chaussee?
a) Friseur
b) Kino
c) Polizei
d) Bahnhof

7. Welche Einrichtung befindet sich am Fliederweg?
a) Schule
b) Reiterhof
c) Klinik
d) Seebad

8. Welche Einrichtung befindet sich am Willy-Brandt-Platz?
a) Flughafen
b) Feuerwehr
c) Stadion
d) Golfplatz

Lösungen: Stadtplan einprägen

Zu 1.: c) Bismarckstraße

Zu 2.: a) Kaiser-Wilhelm-Allee

Zu 3.: d) Beethovenplatz

Zu 4.: a) Leipziger Straße

Zu 5.: b) Golfplatz

Zu 6.: c) Polizei

Zu 7.: d) Seebad

Zu 8.: a) Flughafen

## Personendaten abgleichen

Bei dieser Aufgabe geht es darum, die Personendaten links und rechts inhaltlich abzugleichen. Die Daten müssen nicht identisch formatiert sein, sollten aber die gleiche Information beinhalten. Beispiel: Umlaute ü,ö,ä können in der Form ue, ae, oe geschrieben sein. Telefonnummern, die ein unterschiedliches Format haben (0151, 0049151, +49 (0)151) gelten trotzdem als richtig. Bei der Vorwahl wird stets die deutsche Vorwahl verwendet, sodass +49 und 0 gleichzusetzen sind. Trage zum Schluss alle Datensatznummern ein, die einen inhaltlichen Fehler aufweisen.

Zeit: **3 Minuten**

| 1. Michael Fischer<br>Geb.: 15. Juli 2001<br>Tel.: 0049 151 39 28 19 81 | Michaela Fischer<br>Geb.: 15. Juli 2001<br>Tel.: 0049 151 / 39281981 |
|---|---|
| 2. Mattis Böhm<br>Geb.: 08.06.1997<br>Tel.: 0178 / 25 78 91 14 | Mattis Boehm<br>Geb.: 8. Juni 1997<br>Tel.: 0178 / 25 78 91 14 |
| 3. Veronika Vogt<br>Geb.: 27. Februar 1999<br>Tel.: 0291 / 76 99 73 14 | Veronika Vogt<br>Geb.: 27. Februar 1999<br>Tel.: 0291 / 76987314 |
| 4. Esther Dietrich<br>Geb.: 18 Sep. 2003<br>Tel.: 0049 17839281979 | Esther Ditrich<br>Geb.: 15 Juli 2001<br>Tel.: 0049 151 39 28 19 |

| | |
|---|---|
| 5.<br>Thilo Kühn<br>Geb.: 9. Mai 1997<br>Tel.: 0049 981376841378 | Thilo Kühn<br>Geb.: 9.05.1997<br>Tel.: 0981 / 37 68 41 378 |
| 6.<br>Lian Seidel<br>Geb.: 19. November 1971<br>Tel.: 089 64 72 38 91 | Lian Seidel<br>Geb.: 19.11.1971<br>Tel.: 089 647 238 91 |
| 7.<br>Juliane Arnold<br>Geb.: 9. Oktober 2002<br>Tel.: 0049 9847 31 24 87 | Juliane Arnold<br>Geb.: 9.10.2002<br>Tel.: 09847 31 24 78 |
| 8.<br>Mehmet Erdem<br>Geb.: 5. Januar 1978<br>Tel.: 0593 813 768 41 | Mehmet Erdem<br>Geb.: 05.01.1978<br>Tel.: 059381376841 |
| 9.<br>Michail Chokovski<br>Geb.: 13. August 1989<br>Tel.: 0049 178 638 947 64 | Michail Chokovski<br>Geb.: 13.08.1989<br>Tel.: 0049 17863894764 |
| 10.<br>Isabel Pfeiffer<br>Geb.: 16. März 2003<br>Tel.: 0160 / 73 41 59 98 | Isabel Pfeiffer<br>Geb.: 16.03.2002<br>Tel.: +49 (0)16073415998 |

Nummern der falschen Datensätze: _____

## Lösungen

Falsche Datensätze: 1, 3, 4, 7, 10

## Zahlen merken

Bei diesem Gedächtnistest musst du dir 30 Zahlen in **2 Minuten** merken. Nachdem du dir die Zahlen eingeprägt hast, markierst du aus 100 Zahlen diejenigen, die du dir zuvor gemerkt hast.

| | | | | |
|---|---|---|---|---|
| 5 | 12 | 35 | 42 | 22 |
| 24 | 30 | 28 | 9 | 43 |
| 45 | 15 | 18 | 38 | 49 |
| 52 | 61 | 2 | 56 | 27 |
| 73 | 58 | 85 | 77 | 66 |
| 64 | 92 | 74 | 82 | 96 |

Markiere alle Zahlen, die du dir vorher eingeprägt hast. Du hast dafür **2 Minuten** Zeit. Bedenke, um so weniger Fehler du machst, um so mehr Punkte erhältst du.

| 1 | 2 | 3 | 4 | 5 | 6 | 7 | 8 | 9 | 10 |
|---|---|---|---|---|---|---|---|---|---|
| 11 | 12 | 13 | 14 | 15 | 16 | 17 | 18 | 19 | 20 |
| 21 | 22 | 23 | 24 | 25 | 26 | 27 | 28 | 29 | 30 |
| 31 | 32 | 33 | 34 | 35 | 36 | 37 | 38 | 39 | 40 |
| 41 | 42 | 43 | 44 | 45 | 46 | 47 | 48 | 49 | 50 |
| 51 | 52 | 53 | 54 | 55 | 56 | 57 | 58 | 59 | 60 |
| 61 | 62 | 63 | 64 | 65 | 66 | 67 | 68 | 69 | 70 |
| 71 | 72 | 73 | 74 | 75 | 76 | 77 | 78 | 79 | 80 |
| 81 | 82 | 83 | 84 | 85 | 86 | 87 | 88 | 89 | 90 |
| 91 | 92 | 93 | 94 | 95 | 96 | 97 | 98 | 99 | 100 |

## Lösungen

| 1 | **2** | 3 | 4 | **5** | 6 | 7 | 8 | **9** | 10 |
|---|---|---|---|---|---|---|---|---|---|
| 11 | **12** | 13 | 14 | **15** | 16 | 17 | **18** | 19 | 20 |
| 21 | **22** | 23 | **24** | 25 | 26 | **27** | **28** | 29 | **30** |
| 31 | 32 | 33 | 34 | **35** | 36 | 37 | **38** | 39 | 40 |
| 41 | **42** | **43** | 44 | **45** | 46 | 47 | 48 | **49** | 50 |
| 51 | **52** | 53 | 54 | 55 | **56** | 57 | **58** | 59 | 60 |
| **61** | 62 | 63 | **64** | 65 | **66** | 67 | 68 | 69 | 70 |
| 71 | 72 | **73** | **74** | 75 | 76 | **77** | 78 | 79 | 80 |
| 81 | **82** | 83 | 84 | **85** | 86 | 87 | 88 | 89 | 90 |
| 91 | **92** | 93 | 94 | 95 | **96** | 97 | 98 | 99 | 100 |

## Wörter merken

Hier musst du dir aus fünf Bereichen mehrere Wörter merken und diese nachher wieder anhand der Anfangsbuchstaben den korrekten Bereichen zuordnen.

Merke dir innerhalb von **3 Minuten** die folgenden Kategorien mit den dazugehörigen Begriffen.

Für das Beantworten der Fragen hast du **10 Minuten** Zeit.

Berufe: Bienenzüchter – Imker – Quantenphysiker – Tierarzt – Unternehmer

Städte: Chemnitz – Düsseldorf – Jena – München – Stuttgart

Namen: Emil – Xavier – Lena – Otto – Ricarda

Länder: Zypern – Albanien – Kolumbien – Norwegen – Weißrussland

Sportarten: Polo – Fechten – Handball – Volleyball – Golf

1. In welche Gruppe gehört der Begriff mit dem Anfangsbuchstaben A?
a) Städte
b) Berufe
c) Namen
d) Länder
e) Sportarten

2. In welche Gruppe gehört der Begriff mit dem Anfangsbuchstaben B?
a) Länder
b) Namen
c) Städte
d) Sportarten
e) Berufe

3. In welche Gruppe gehört der Begriff mit dem Anfangsbuchstaben C?
a) Länder
b) Städte
c) Namen
d) Berufe
e) Sportarten

4. In welche Gruppe gehört der Begriff mit dem Anfangsbuchstaben D?
a) Namen
b) Länder
c) Berufe
d) Städte
e) Sportarten

5. In welche Gruppe gehört der Begriff mit dem Anfangsbuchstaben E?

a) Berufe
b) Städte
c) Namen
d) Länder
e) Sportarten

6. In welche Gruppe gehört der Begriff mit dem Anfangsbuchstaben F?
a) Berufe
b) Städte
c) Namen
d) Länder
e) Sportarten

7. In welche Gruppe gehört der Begriff mit dem Anfangsbuchstaben G?
a) Namen
b) Berufe
c) Städte
d) Länder
e) Sportarten

8. In welche Gruppe gehört der Begriff mit dem Anfangsbuchstaben H?
a) Städte
b) Länder
c) Namen
d) Berufe
e) Sportarten

9. In welche Gruppe gehört der Begriff mit dem Anfangsbuchstaben I?
a) Berufe
b) Städte
c) Sportarten

d) Länder
e) Namen

10. In welche Gruppe gehört
der Begriff mit dem Anfangsbuchstaben J?
a) Berufe
b) Länder
c) Städte
d) Namen
e) Sportarten

11. In welche Gruppe gehört
der Begriff mit dem Anfangsbuchstaben K?
a) Städte
b) Sportarten
c) Berufe
d) Länder
e) Namen

12. In welche Gruppe gehört
der Begriff mit dem Anfangsbuchstaben L?
a) Städte
b) Namen
c) Berufe
d) Sportarten
e) Länder

13. In welche Gruppe gehört
der Begriff mit dem Anfangsbuchstaben M?
a) Berufe
b) Städte
c) Namen
d) Sportarten
e) Länder

14. In welche Gruppe gehört
der Begriff mit dem Anfangsbuchstaben N?
a) Berufe
b) Sportarten
c) Länder
d) Städte
e) Namen

15. In welche Gruppe gehört
der Begriff mit dem Anfangsbuchstaben O?
a) Berufe
b) Länder
c) Städte
d) Namen
e) Sportarten

16. In welche Gruppe gehört
der Begriff mit dem Anfangsbuchstaben P?
a) Namen
b) Städte
c) Berufe
d) Länder
e) Sportarten

17. In welche Gruppe gehört
der Begriff mit dem Anfangsbuchstaben Q?
a) Berufe
b) Länder
c) Namen
d) Städte
e) Sportarten

18. In welche Gruppe gehört der Begriff mit dem Anfangsbuchstaben R?
a) Städte
b) Namen
c) Länder
d) Sportarten
e) Berufe

19. Frage
In welche Gruppe gehört der Begriff mit dem Anfangsbuchstaben S?
a) Städte
b) Berufe
c) Namen
d) Länder
e) Sportarten

20. In welche Gruppe gehört der Begriff mit dem Anfangsbuchstaben T?
Namen
a) Städte
b) Berufe
c) Länder
d) Namen
e) Sportarten

21. In welche Gruppe gehört der Begriff mit dem Anfangsbuchstaben U?
a) Berufe
b) Städte
c) Namen
d) Länder
e) Sportarten

22. In welche Gruppe gehört der Begriff mit dem Anfangsbuchstaben V?
a) Namen
b) Berufe
c) Städte
d) Sportarten
e) Länder

23. In welche Gruppe gehört der Begriff mit dem Anfangsbuchstaben W?
a) Städte
b) Länder
c) Namen
d) Berufe
e) Sportarten

24. In welche Gruppe gehört der Begriff mit dem Anfangsbuchstaben X?
a) Namen
b) Berufe
c) Städte
d) Sportarten
e) Länder

25. In welche Gruppe gehört der Begriff mit dem Anfangsbuchstaben Z?
a) Namen
b) Länder
c) Berufe
d) Sportarten
e) Städte

## Lösungen: Wörter merken

| | | |
|---|---|---|
| 1. d) | 10. c) | 19. a) |
| 2. e) | 11. d) | 20. b) |
| 3. b) | 12. b) | 21. a) |
| 4. d) | 13. b) | 22. d) |
| 5. c) | 14. c) | 23. b) |
| 6. e) | 15. d) | 24. a) |
| 7. e) | 16. e) | 25. b) |
| 8. e) | 17. a) | |
| 9. a) | 18. b) | |

## Lebenslauf einprägen

Bei dieser Aufgabe musst du dir aus den beiden Lebensläufen die wichtigsten Informationen merken und später dazu einige Fragen beantworten. Markiere den Buchstaben mit der korrekten Lösung.

Zeit: **5 Minuten**

*Lebenslauf 1*

**Name:** Lange

**Vorname:** André Joseph

**Geburtstag:** 25.07.1985

**Geburtsort:** Berlin

**Beruf:** Netzwerktechniker

**André Lange** wurde am 25.07.1985 in Berlin als Einzelkind eines Installateurmeisters und einer Bürokauffrau geboren. Nachdem er von 1991 bis 1996 die Grundschule in Berlin-Lichtenberg besucht hatte, zog er mit seiner Familie ins nahe liegende Umland nach Brandenburg. Dort ging er auf die Herbert Tschäpe Oberschule in Erkner und belegte dort auch 2001 sein Realschulabschluss. Anschließend absolvierte André Lange von 2001 bis 2005 eine dreieinhalbjährige Berufsausbildung zum IT-Systemelektroniker am Flughafen Berlin Schönefeld. Nach seiner abgeschlossenen Ausbildung musste er seinen Zivildienst antreten, den er in einer Diakonie in Teltow neun Monate ableistete. 2006 absolvierte er eine Fort- und Weiterbildung zum Thema Netzwerk. Als Netzwerktechniker bekam er dann eine Anstellung bei der Deutschen Bahn, wo er bis heute noch angestellt und bereits zum Abteilungsleiter aufgestiegen ist. Heute lebt er mit seiner Freundin Mandy kinderlos in der Geburtsstadt seiner Mutter, Leipzig.

*Lebenslauf 2*

**Name:** Berndsen

**Vorname:** Monika

**Geburtstag:** 04.05.1975

**Geburtsort:** Hannover

**Beruf:** Mediengestalterin

**Monika Berndsen**, geboren am 04.05.1975, wuchs als eines von drei Kindern in der Nähe von Hannover auf. Ihr Vater ist ein Oberleutnant bei der Bundeswehr und die Mutter eine Floristin mit eigenem Blumenladen. Schon früh half sie im Laden ihrer Mutter mit aus, um sich so das Taschengeld ein bisschen aufzufrischen. Auch heute noch gehören neben Malen und Zeichnen die Floristik zu ihren Hobbys. 1987 machte sie am Fontane Gymnasium in Hannover ihr Abitur. Bevor sie 1989 ein Studium als Mediengestalterin an der Universität in Wiesbaden begann, absolvierte sie ein Soziales Jahr bei einer Hilfsorganisation in Spanien. Neben der Arbeit konnte sie auch noch Land und Leute kennen lernen und spricht bis heute noch ein wenig Spanisch. Nach ihrem abgeschlossenen Studium bekam sie einen Job bei einer Lokalzeitung als Layouterin in München. Heute leitet sie mit rund 50 Mitarbeitern ihre eigene PR- und Marketingfirma in Hamburg. Monika Berndsen ist zudem seit sieben Jahre mit Steffan Berndsen verheiratet. Das Paar lebt mit seinen zwei Kindern Lukas und Maria in einem Einfamilienhaus in Hamburg.

1. Welchen Beruf übt André Lange aus?
a) Mediengestalter
b) Netzwerktechniker
c) Elektroniker
d) Systemelektroniker

2. Auf welche Schule ging André Lange?
a) Herbert Tschäpe Oberschule
b) Fontane Gymnasium
c) Oberschule Erkner
d) Diakonische Oberschule Teltow

3. In welcher Firma arbeitet André Lange?
a) Deutsche Post
b) Deutsche Bank
c) Deutsche Telekom
d) Deutsche Bahn

4. Wie heißt die Freundin von André Lange?
a) Mandy
b) Sabine
c) Monika
d) Maria

5. Wo wurde Monika Berndsen geboren?
a) Leipzig
b) Hamburg
c) Hannover
d) München

6. Welchen Beruf übte Monika Berndsen Mutter aus?
a) Floristin
b) Malerin
c) Lehrerin
d) Architektin

7. An welcher Universität studierte Monika Berndsen?
a) Mainz
b) Berlin
c) Wiesbaden
d) Frankfurt

8. Wie heißt der Sohn von Monika Berndsen?
a) Martin
b) Steffan
c) Leon
d) Lukas

## Lösungen: Lebenslauf einprägen

| 1. b) | 4. a) | 7. c) |
|-------|-------|-------|
| 2. a) | 5. c) | 8. d) |
| 3. d) | 6. a) |       |

## Textinhalte einprägen

Bei dieser Aufgabe musst du dir einen Pressebericht und einen Tatorts-bericht einprägen. Lies dir die Berichte aufmerksam durch und merke dir die wichtigsten Details. Danach musst du einige Fragen zu den Berichten beantworten.

Für das Einprägen des Presseberichts hast du **3 Minuten** Zeit.

---

**Düsseldorf, 08.05.2014**

**POL-D: Sonsbeck - A 57 in Richtung Nimwegen - Verkehrsunfall mit drei Beteiligten - Ein Leichtverletzter - Sperrung einer Richtungsfahrbahn**

Mittwoch, 7. Mai 2014, 21:50 Uhr Sonsbeck

Glück im Unglück hatten gestern Abend sechs von sieben Menschen, die bei Sonsbeck auf der A 57 in einen Unfall verwickelt waren. Ein 45-jähriger Mann erlitt leichte Verletzungen. Die Fahrtrichtung Nimwegen blieb für eine Stunde gesperrt. Polizei sucht Zeugen. Nach den bisherigen Ermittlungen der Autobahnpolizei war eine 26-jährige Frau aus Mönchengladbach mit ihrem grauen Mercedes auf dem rechten Fahrstreifen der A 57 in Richtung Nimwegen unterwegs. Etwa 500 Meter vor der Anschlussstelle Uedem kollidierte der Mercedes aus bislang unklaren Gründen mit dem roten Mazda eines 32-jährigen Niederländers (mit im Fahrzeug waren vier weitere Insassen) und dem VW eines 45-jährigen Mannes aus Uedem. Bei dem Unfallgeschehen wurde der VW-Fahrer leicht verletzt. Den entstandenen Sachschaden schätzen die eingesetzten Beamten auf etwa 35.000 Euro. Während der Unfallaufnahme blieb die Fahrbahn in Richtung Nimwegen für eine Stunde gesperrt. Das größte Stauausmaß betrug circa 2.000 Meter.

---

Quelle: Pressebericht vom 08.05.2014, Polizei Düsseldorf

Textinhalte einprägen

Für das Beantworten der Fragen hast du **2 Minuten** Zeit.

1. Der Unfall ereignete sich auf der A 57 in Richtung Nimwegen.
a) richtig        b) falsch

2. Alle Personen, die in den Unfall verwickelt waren, blieben unverletzt.
a) richtig        b) falsch

3. Ein 26-jähriger Mann war in Richtung Nimwegen unterwegs.
a) richtig        b) falsch

4. Ein silberner Mercedes kollidierte mit einem roten Mazda und einem VW.
a) richtig        b) falsch

5. Im roten Mazda befanden sich vier weitere Insassen.
a) richtig        b) falsch

6. Ein 43-jähriger Mann erlitt leichte Verletzungen.
a) richtig        b) falsch

7. Der Unfall ereignete sich am Mittwoch, den 07.05.2014.
a) richtig        b) falsch

8. Der Sachschaden wird auf etwa 32.000 Euro geschätzt.
a) richtig        b) falsch

**Lösungen Pressebericht**

Zu 1.: a) Richtig. Der Unfall ereignete sich auf der A 57 in Richtung Nimwegen.

Zu 2.: b) Falsch. Sechs von sieben Menschen blieben unverletzt, ein 45-jähriger Mann erlitt leichte Verletzungen.

Zu 3.: b) Falsch. Es handelt sich um eine 26-jährige Frau, die in Richtung Nimwegen unterwegs war.

Zu 4.: b) Falsch. Ein grauer Mercedes kollidierte mit einem roten Mazda und einem VW.

Zu 5.: a) Richtig. Im roten Mazda des Niederländers befanden sich vier weitere Insassen.

Zu 6.: b) Falsch. Der Mann, der leichte Verletzungen erlitt, war 45 Jahre alt.

Zu 7.: a) Richtig. Der Unfall ereignete sich am Mittwoch, den 07.05.2014 um 21:50 Uhr.

Zu 8.: b) Falsch. Der geschätzte Sachschaden belief sich auf etwa 35.000 Euro.

Für das Einprägen des Tatortberichts hast du **5 Minuten** Zeit.

Am Donnerstag, den 08.05.2014, ging um 15:45 Uhr ein Anruf von Herrn Kruse in der Einsatzzentrale von Zossen ein, der ein Einbruchdiebstahl in seinem Einfamilienhaus in der Berliner Straße in Mittenwalde meldete. Die eingesetzten Polizeibeamten Bartels und Leitow bekamen den Auftrag. nach 15749 Mittenwalde zu fahren, um dort den Einbruch mit Diebstahl in einem Einfamilienhaus, aufzunehmen. Bei Eintreffen am Tatort befand sich Herr Kruse vor Ort und machte folgende Angaben. Am 08.05.2014 gegen 07:00 Uhr verließ Herr Kruse das ordnungsgemäß verschlossene Einfamilienhaus. Als Herr Kruse gegen 15:30 von der Arbeit kam, seine Hauseingangstür öffnete und den Eingangsbereich betrat, fiel ihm zunächst nichts Außergewöhnliches auf. Erst als Herr Kruse die Küche betrat, bemerkte er, dass das Küchenfenster weit offenstand und offensichtlich aufgebrochen wurde. Nach einem weiteren Rundgang durch das Haus bestätigte sich der Verdacht von Herr Kruse, dass bei ihm eingebrochen wurde. Herr Kruse und seine Ehefrau vermissen Bargeld und Schmuck, das aus einem Safe im Arbeitszimmer entwendet wurde. Des Weiteren wurden der Fernseher und eine chinesische Vase aus dem Wohnzimmer gestohlen. Aus dem Kinderzimmer des Sohnes Robert wurde ein Tablet-PC entwendet. Die Tochter Luise vermisst zudem eine Perlenkette und ein PC-Monitor. Nach der ersten Tatortbegehung der Polizeibeamten fanden sie im ganzen Haus offene Schubladen und durchwühlte Schränke vor, zudem waren in der Küche deutliche Schuhabdrücke zu finden. Am Küchenfenster, durch das der/die Einbrecher das Haus betreten haben, waren massive Hebelspuren zu erkennen. Anhand der geschilderten Angaben stellt sich der Tathergang vorläufig wie folgt dar: Die oder der Täter verschafften sich durch das Küchenfenster gewaltsam Zugang ins Hausinnere. Dabei durchwühlten sie sämtliche Wohnräume und suchten gezielt nach Bargeld, Schmuck und Wertgegenständen. Mit dem entwendeten Diebesgut verließen die/der Täter wieder das Haus durch das aufgebrochene Küchenfenster.

Nähere Angaben zu den Tätern konnte nicht gemacht werden, die polizeilichen Ermittlung laufen weiter. Nach weiteren Zeugen wird gesucht.

Der Tatortbericht ist frei erfunden.

Für das schriftliche Beantworten der Fragen hast du **10 Minuten** Zeit. Schreibe die Antworten auf ein extra Blatt Papier.

1. Wann wurde der Einbruch der Polizei gemeldet?

2. Was wurde aus dem Wohnzimmer gestohlen?

3. Wie sind die/der Täter in das Haus eingedrungen?

4. Wann ist Herr Kruse zu Hause eingetroffen?

5. Wie heißt die Tochter von Herrn Kruse?

6. Was wurde aus dem Kinderzimmer des Sohnes gestohlen?

7. Welche Spuren konnten von den Polizeibeamten festgestellt werden?

8. Wie heißen die beiden Polizeibeamten, die am Tatort ermitteln?

**Musterantworten Tatortbericht**

Zu 1.: Der Einbruch wurde am Donnerstag, den 08.05.2014 um 15:45 Uhr von Herrn Kruse gemeldet.

Zu 2.: Aus dem Wohnzimmer wurden der Fernseher und eine chinesische Vase gestohlen.

Zu 3.: Die oder der Täter sind allem Anschein nach durch das aufgehebelte Küchenfenster eingedrungen.

Zu 4.: Herr Kruse betrat gegen 15:30 Uhr sein Haus, als er von der Arbeit gekommen war.

Zu 5.: Die Tochter von Herr Kruse heißt mit Vornamen Luise.

Zu 6.: Aus dem Kinderzimmer des Sohnes Robert wurde ein Tablet-PC entwendet.

Zu 7.: Die Polizeibeamten stellten am Küchenfenster massive Hebelspuren fest, zudem gab es eindeutige Schuhabdrücke in der Küche.

Zu 8.: Die beiden Polizeibeamten Bartels und Leitow bekamen den Auftrag, nach 15749 Mittenwalde zu fahren.

## Tabelle auswerten

In dieser Aufgabe musst du eine Tabelle auswerten, in der die Benotungen von Schülern in verschiedenen Schulfächern aufgelistet sind. Beantworte bitte nachstehende Fragen anhand dieser Tabelle. Markiere den Buchstaben mit der korrekten Lösung.

Zeit: **3 Minuten**

| Noten | 1 | 2 | 3 | 4 | 5 | 6 |
|---|---|---|---|---|---|---|
| **Deutsch** | Max | Franz | Julia | Erika | Bernd | Claudia |
| **Mathe** | Julia | Max | Franz | Claudia | Bernd | Erika |
| **Englisch** | Franz | Julia | Erika | Max | Claudia | Bernd |
| **Kunst** | Erika | Claudia | Bernd | Julia | Max | Franz |
| **Sport** | Julia | Max | Claudia | Bernd | Franz | Erika |

1. Max und Julia gehören zu den besten Schülern. Doch wer hat den besseren Notendurchschnitt?
a) Max
b) Julia

2. Welchen Notendurchschnitt hat Claudia?
a) 3,8
b) 4
c) 4,1
d) 4,5

3. Deutsch und Mathe gehören zu den wichtigsten Fächern. Welche beiden Schüler haben zusammen den besten Notendurchschnitt?
a) Franz und Max
b) Max und Julia
c) Julia und Franz

4. Mädchen oder Jungen? Wer von beiden hat die besseren Noten mit nach Hause gebracht?
a) Mädchen
b) Jungen

Lösungen: Tabelle auswerten

Zu 1. b) Julia
Julia hat einen Notendurchschnitt von 2,2 und ist somit besser als Max, der nur einen Schnitt von 2,8 hat.

Zu 2. b) 4
Claudia hat ein Notendurchschnitt von genau 4.
$6 + 4 + 5 + 2 + 3 = 20 \div 5 = 4$

Zu 3. b) Max und Julia
Den besten Notendurchschnitt mit 1,75 in Mathe und Deutsch haben Max und Julia zusammen.

Zu 4. a) Mädchen
Die Mädchen schlagen die Jungs knapp mit einen Gesamtdurchschnitt von 3,4. Die Jungs kommen auf ein Notenschnitt von 3,6.

## Wörter bilden

Bei dieser Aufgabe musst du Wörter bilden, bei denen schon die Anfangs- und Endbuchstaben vorgegeben sind. Bilde jeweils immer fünf Wörter pro Aufgabe. Alle Wortklassen, Eigen- oder Städtenamen sind erlaubt. Nicht erlaubt sind Fremdsprachen, Wortneubildungen und Dialekte.

Zeit: **8 Minuten**

1. Anfang **B** | Ende **E**

_____

_____

_____

_____

_____

4. Anfang **S** | Ende **T**

_____

_____

_____

_____

_____

2. Anfang **M** | Ende **N**

_____

_____

_____

_____

_____

5. Anfang **E** | Ende **L**

_____

_____

_____

_____

_____

3. Anfang **A** | Ende **N**

_____

_____

_____

_____

_____

6. Anfang **K** | Ende **R**

_____

_____

_____

_____

_____

## Musterantworten: Wörter bilden

**Zu 1.: Anfang B | Ende E**
Bandbreite
Bürste
Briefe
Batterie
Brille

**Zu 2.: Anfang M | Ende N**
Millionen
Mädchen
Minuten
Mann
müssen

**Zu 3.: Anfang A | Ende N**
Anforderungen
angemessen
Antworten
aufwärmen
angeln

**Zu 4.: Anfang S | Ende T**
Stadt
Sport
Sonnenlicht
Start
Supermarkt

**Zu 5.: Anfang E | Ende L**
Edelstahl
Einzelhandel
E-Mail
Enkel
Esel

**Zu 6.: Anfang K | Ende R**
Kater
Kratzer
Käufer
Kammer
Kinder

## Wörter ergänzen

Bei dieser Aufgabe musst du Wörter bilden, bei denen der Wortanfang schon vorgegeben ist. Bilde jeweils immer fünf Wörter pro Aufgabe. Alle Wortklassen, Eigen- oder Städtenamen sind erlaubt. Nicht erlaubt sind Fremdsprachen, Wortneubildungen und Dialekte.

Zeit: **8 Minuten**

**1. Sport …**

_____

_____

_____

_____

_____

**2. Polizei …**

_____

_____

_____

_____

_____

**3. Zimmer …**

_____

_____

_____

_____

**4. Unter …**

_____

_____

_____

_____

_____

**5. Regen …**

_____

_____

_____

_____

_____

**6. Roh …**

_____

_____

_____

_____

## Musterantworten: Wörter ergänzen

Zu 1.: **Sport ...**
Sportfest
Sporthose
Sportverein
Sportstar
Sportler

Zu 2.: **Polizei ...**
Polizeiauto
Polizeifunk
Polizeiwache
Polizeimarke
Polizeibeamter

Zu 3.: **Zimmer ...**
Zimmertemperatur
Zimmermann
Zimmerlampe
Zimmerdecke
Zimmerschlüssel

Zu 4.: **Unter ...**
Unterarm
Unterlassung
Unterschrift
Untergang
Untersuchung

Zu 5.: **Regen ...**
Regenschirm
Regenwald
Regentropfen
Regenjacke
Regenrinne

Zu 6.: **Roh ...**
Rohstoff
Rohbau
Rohrpost
Rohrbruch
Rohzustand

## Postkorbübung

Bei der Postkorbübung musst du innerhalb kürzester Zeit, meist innerhalb von 20 bis 50 Minuten, bestimmte Dokumente nach Wichtigkeit und Dringlichkeit sortieren und im Anschluss bestimmte Maßnahmen ableiten. Hierbei achten die Prüfer besonders auf deine Stressresistenz, dein Arbeitstempo, eine fehlerfreie Arbeitsweise und die Entschlussfähigkeit.

Und so kann deine Postkorbübung aussehen:

Heute ist der 5. August 2019 und es ist genau 9:30 Uhr. Du bist Vertretungskraft für Herrn Joachim Faber, dem Projektmanager in einem IT-Unternehmen, welches Buchführungssoftware anbietet. Dein Kollege befindet sich bereits seit zwei Wochen im Urlaub und fällt weiterhin für eine ungewisse Zeit krankheitsbedingt aus. Du hast dir vorgenommen, sein E-Mail-Postfach aufzuräumen, in welchem sich bereits 30 ungelesene Nachrichten befinden. Für die Bearbeitung hast du dir folgende Gedanken gemacht:

Alle Fehlermeldungen, PC-Probleme und Softwarefehler leitest du direkt an den Entwickler Herr Söhrensen weiter

Ist eine Fehlermeldung, ein gemeldetes PC-Problem oder die Meldung über einen Softwarefehler älter als fünf Tage oder aber das Problem ist besonders dringend, rufst du den Absender stattdessen direkt an und bittest um einen Aufschub.

Handelt es sich um eine neue Anforderung an die Software, nimmst du den Vorschlag auf und antwortest dem Absender per E-Mail. Genauso verfährst du bei sonstigen Kundennachrichten.

Alle privaten E-Mails werden von dir ignoriert, genauso wie Spam-Mails oder E-Mails von Frau Katrin Lehmann.

Bei allen finanziellen Angelegenheiten (Mahnungen, Rechnungen, Rabatte, Angebote, Kostenvoranschläge) oder bei Kritik an der Organisation, leitest du die E-Mail an Frau Schmidt aus der Buchhaltung und Organisation weiter.

Bitte gebe nach jeder E-Mail an, wie du vorgehen würdest.

Deine Vorgehensweise:

a) Weiterleitung an Herr Söhrensen
b) Anruf
c) auf E-Mail antworten
d) ignorieren
e) Weiterleitung an Frau Schmidt

Für die folgende Aufgabe hast du **20 Minuten** Zeit.

**E-Mail Nr. 1:**
Datum: 29. Juli 2019, 9:00:24
Von: Monika Albrecht
Text:
Sehr geehrte Damen und Herren,

heute Morgen startete ich den PC und ich konnte die gestern gespeicherten Rechnungen nicht mehr aufrufen. Weder vom Desktop-PC aus, noch von meinem Smartphone. Was soll ich nun machen?

Freundliche Grüße
Monika Albrecht

**E-Mail Nr. 2:**
Datum: 31. Juli 2019, 17:12:43
Von: Marlene Huber
Text:
Sehr geehrte Damen und Herren,

Ich glaube, bei Ihnen läuft etwas gewaltig schief. Ich kann weder telefonisch noch per E-Mail irgendjemanden erreichen. Ich versuche es schon seit über einer Woche und unsere Buchhaltung kann nicht weiterarbeiten. Das wird finanzielle Konsequenzen für Sie haben.

Mit freundlichen Grüßen
Marlene Huber

**E-Mail Nr. 3:**
Datum: 24. Juli 2019, 9:19:01
Von: Katrin Lehmann
Text:
Sehr geehrter Herr Faber,

wie schon die letzten Tage habe ich auch heute wieder das Problem, dass der Bildschirm während der Arbeit immer wieder ausgeht. Es wird auf einmal alles schwarz und ich kann nicht weiterarbeiten. Dann ziehe ich den Stecker, warte eine Minute und mache danach alles wieder an. Nach 30 Minuten wieder das gleiche Problem. Bitte helfen Sie mir.

Mit freundlichen Grüßen

**E-Mail Nr. 4:**
Datum: 16. Juni 2019, 14:32:29
Von: Maja Scholz
Text:
Sehr geehrte Damen und Herren,

Ich habe letzte Woche Ihre Software gekauft, merke aber nun, dass mir das Kundenstammdaten-Modul fehlt. Wie kann ich es aktivieren? Muss ich dafür das Debitorenprogramm zusätzlich ordern oder lässt sich das mit wenigen Klicks beheben?

Mit freundlichen Grüßen
Maja Scholz

**E-Mail Nr. 5:**
Datum: 06. Juli 2019, 23:06:24
Von: Wladimir Sukin
Text:
Sehr geehrte Damen und Herren,
Ich weiß, Rechnungen können vergessen werden. Deshalb möchte ich Sie erneut an die Zahlung unserer Rechnung vom 23.05.2019 erinnern.

Mit freundlichen Grüßen
Wladimir Sukin

---

**E-Mail Nr. 6:**
Datum: 4. August 2019, 16:15:45
Von: Lotterie Nord-West
Text:
Sehr geehrte Damen und Herren,

Wir gratulieren Ihnen zu Ihrem Gewinn. Sie nahmen erfolgreich an unserer Glückslotterie teil und gewinnen 500.000 Euro. Damit wir Ihnen die Summe überweisen können, klicken Sie bitte hier: *LINK* und geben Sie Ihre Bankverbindung sowie Ihre TAN-Nummer ein. Schon wenige Augenblicke später führen wir den Transfer aus.

Mit freundlichen Grüßen
Ihre Lotterie Nord-West

---

**E-Mail Nr. 7:**
Datum: 28. Juli 2019, 11:10:18
Von: Katrin Lehmann
Text:
Sehr geehrter Herr Faber,

da ich noch immer keine Antwort auf meine E-Mail vom 24. Juli von Ihnen erhalten habe, sehe ich mich gezwungen, das Programm zu kündigen. Ich bitte Sie, mir die überwiesenen 28,90 Euro für die letzten drei Monate zurückzuerstatten.

Mit freundlichen Grüßen
i.V. Katrin Lehmann

**E-Mail Nr. 8:**
Datum: 30. Juli 2019, 19:45:42
Von: Hans Beck
Text:
Hallo Herr Faber,

Ich weiß nicht, ob ich bei Ihnen richtig bin, aber ich fange einfach mal an: Ich habe einen kleinen Handwerksbetrieb und möchte mich in naher Zukunft zur Ruhe setzen, deshalb wird der Betrieb aufgelöst. Mein Sohn möchte nun alle Kundenstammdaten, Lieferanten und Projekte in sein Unternehmen mit einer anderen Software überführen. Dazu müssen die Daten in einer „XML-Datei" vorliegen, so seine Aussage. Kann man das mit Ihrer Soft-ware so lösen?

Besten Dank im Voraus.
Mit freundlichen Grüßen
Hans Beck

**E-Mail Nr. 9:**
Datum: 15. Juli 2019, 14:35:58
Von: Firma Seibert
Text:
Sehr geehrte Damen und Herren,

Wir hatten bei Ihnen das gesamte FiBi-Paket gebucht, doch leider kann unsere IT die Software noch immer nicht installieren. Es kommt während des Installationsvorgangs zu einem unerwarteten Fehler, sodass dieser nicht abgeschlossen werden kann. Wir bitten um einen schnellen Rat von einem Fachmann.

Mit freundlichen Grüßen
i.A. Amelie Neumann
Firma Seibert

**E-Mail Nr. 10:**
Datum: 2. Aug. 2019, 12:13:41
Von: Mattis Krieger
Text:
Sehr geehrte Damen und Herren,

sehe ich das richtig, dass ich für den Rechnungsdruck das Dokument erst speichern muss, danach wieder schließen und erst dann öffnen und in ein PDF-Dokument umwandeln muss? Versuche ich die Rechnung aktuell direkt in das PDF-Format umzuwandeln, erhalte ich nur ein leeres Blatt. Es kann doch nicht so kompliziert sein, oder?

Mit freundlichen Grüßen
Mattis Krieger

**E-Mail Nr. 11:**
Datum: 03. August 2019, 17:24:15
Von: Jochen Kaiser
Text:
Sehr geehrte Damen und Herren,

nach anfänglicher Skepsis habe ich mich nun doch für Ihr Produkt entschieden und war die ersten Tage auch zufrieden. Nun überwiegt aber wieder die Skepsis, da ich beim Erstellen von Angebot 2 die Meldung erhalte: „Unknown Error". Ich weiß nicht, wie ich das Angebot abschließen soll, und mein Kunde wartet darauf. Im Anhang sende ich Ihnen einen Screenshot.

Mit freundlichen Grüßen
Kaiser

**E-Mail Nr. 12:**
Datum: 02. August 2019, 6:15:48
Von: Melanie Lange
Text:
Sehr geehrte Damen und Herren,

Ich sitze vor einem kleinen Problem und komme nicht weiter. Meine Kostenvoranschläge werden immer auf zwei Seiten gedruckt, obwohl ich nur eine Position habe. Bei den Rechnungen klappt es mit dem Druck auf eine Seite. Mache ich was falsch?

Mit freundlichen Grüßen
Melanie Lange

---

**E-Mail Nr. 13:**
Datum: 9. Juli 2019, 16:00:19
Von:
Text:
Hallo Joachim,

Ich bin's, die Mama von Josephie. Ich wollte fragen, ob Emelie nächste Woche Dienstag uns mal besuchen kommen mag. Josephie würde sich sehr darüber freuen. Gerne kann ich die beiden nach dem Kindergarten zusammen abholen.

Liebe Grüße
Monika

---

**E-Mail Nr. 14:**
Datum: 31. Juli 2019, 5:15:45
Von: Annabell Sauer
Text:
Sehr geehrter Herr Faber,

das mit dem Neustart hatte nicht funktioniert. Obwohl ich schon alles Mögliche ausprobiert habe, wird mir das PDF für die Rechnung nicht ausgegeben. Stattdessen erhalte ich ein Dokument mit lauter Sonderzeichen. Bitte helfen Sie mir. Ich bin schon echt verzweifelt.

Grüße
Annabell Sauer

---

**E-Mail Nr. 15:**
Datum: 1. August 2019 18:08:47
Von: Patrick Seilbach
Text:
Hi Joachim,

Ich hoffe, dir, deiner Frau und den Kindern geht es gut. Leider kann ich nächste Woche nicht mit zum geplanten Segeltörn, da in meiner Familie alle krankheitsbedingt ziemlich angeschlagen sind. Aber an der Kostenpauschale in Höhe von 300 Euro bleibe ich selbstverständlich weiter beteiligt.

Viele Grüße
Patrick

---

**E-Mail Nr. 16:**
Datum: 4. August 2019 13:11:18
Von: Shirin Arlan
Text:
Sehr geehrte Damen und Herren,

Wir haben die Software gekauft und uns fehlen noch folgende Funktionen:
Wir müssen unsere Rechnungen direkt mit dem Paypal-Konto verbinden, sodass eine Zuordnung zu den Zahlungen möglich ist.
Wir müssen alle Kontenbewegungen als CSV-Datei an die Steuerkanzlei weiterleiten. Wie können wir das bewerkstelligen?

Bitte melden Sie sich schnell.

Mit freundlichen Grüßen
Shirin Arlan

---

**E-Mail Nr. 17:**
Datum: 2. August 2019, 16:28:37
Von: Katrin Lehmann
Text:
Sehr geehrter Herr Faber,

Ich bin's mal wieder! :-) Das Problem mit meinem Bildschirm hat sich anscheinend von selbst gelöst. Mein Neffe kam letztens zu mir und meinte, dass ich wohl beim Putzen das Netzkabel des Monitors erwischt habe und dieses wohl etwas lose war. Das Kabel steckt nun wie es soll und alles funktioniert prima. Ich bleibe Ihnen somit auch weiterhin treu.

Mit freundlichen Grüßen
Katrin Lehmann

---

**E-Mail Nr. 18:**
Datum: 29. Juli 2019, 14:47:46
Von:
Text:
Sehr geehrte Damen und Herren,

wie besprochen sende Ich Ihnen unser Angebot für die beiden .NET-Entwickler zur Behebung der Fehler Nr. 2–5.

Mit freundlichen Grüßen

---

**E-Mail Nr. 19:**
Datum: 28. Juli 2019, 7:28:51
Von: Apotheker um die Ecke
Text:
Sehr geehrte Damen und Herren,
plagen auch Sie andauernd Potenzprobleme? Damit ist jetzt Schluss! Mit unseren neuen Produkten zur Bekämpfung von Erektionsstörungen haben Sie ein Problem weniger. Für schlappe 29,99 Euro erhalten Sie eine Packungseinheit zum Kennenlernpreis.

Mit freundlichen Grüßen
Ihr Apotheker

---

**E-Mail Nr. 20:**
Datum: 31. Juli 2019, 19:03:47
Von: Lennard Fuchs
Text:
Hallo Joachim,

der Kunde „Kanalbau Nord" hat unsere Rechnung mit der Nr. 938271 noch immer nicht beglichen, obwohl wir bereits zweimal angemahnt haben. Kannst du direkt mal nachhaken, woran das liegt?

Grüße
Lennard

---

## Lösungen

Hinweis: Bei einigen E-Mails sind mehrere Lösungen möglich. Wichtig ist nur, dass du den eigenen Lösungsansatz stichhaltig begründen kannst.

1. a)
2. e)
3. d)
4. c)
5. e)
6. d)
7. d)
8. c)
9. b)
10. a)
11. b)
12. a)
13. d)
14. b)
15. d)
16. c)
17. d)
18. e)
19. d)
20. e)

# Sprache

Beinahe jeder Einstellungstest beinhaltet Aufgaben zum Wort- und Sprachverständnis. Ein guter Wortschatz, Sprachgefühl und Sprachfantasie sind hier gefragt. Wortbedeutungen müssen sinngemäß erfasst werden.

## Deutsche Grammatik

1. Wie viele Silben hat das folgende Wort: Rinderwahnsinn?
a) 3
b) 4
c) 5
d) 6

2. Wie wird das folgende Wort richtig getrennt: Interessantes?
a) In|ter|es|sa|ntes
b) Inte|ress|an|tes
c) In|ter|es|san|tes
d) In|te|res|san|tes

3. Wie wird das folgende Wort richtig getrennt: Zeiterfassung?
a) Zeit|er|fas|sung
b) Zeit|er|fass|ung
c) Zei|ter|fas|sung
d) Zei|ter|fass|ung

4. Welche Schreibweise ist richtig?
a) Strafverfolgung
b) Strafverfolgnug
c) Straafverfolgung
d) Strafverfolguung

5. Wie wird das Wort richtig geschrieben?
a) Schiffahrt
b) Schiffffahrt
c) Schifffahrtt
d) Schifffahrt

6. Wie wird das Wort richtig geschrieben?
a) Bundesgrenzsschutz
b) Bundesgrenzschutz
c) Bundegrenzschutz
d) Bundesgrenzschuts

7. Indikativ Präsens: kennen; ich ...?
a) kennen
b) kannte
c) kann
d) kenne

8. Wie wird das folgende Wort richtig getrennt: Auseinandersetzung?
a) Aus|ei|nan|der|set|zung
b) Aus|ein|an|de|rset|zung
c) Au|sei|nan|der|set|zung
d) Aus|ei|nan|der|setz|ung

9. Bei welchem Wort handelt
es sich um ein Adjektiv?
a) herzlich
b) Baum
c) ich
d) wie

10. Bei welchem Wort handelt
es sich um ein Adjektiv?
a) Dorf
b) schön
c) welche
d) schwimmen

11. Bei welchem Wort handelt
es sich um ein Adjektiv?
a) Sommer
b) niemals
c) steuern
d) cool

12. Bei welchem Wort handelt
es sich um ein Verb?
a) herzlich
b) Baum
c) wie
d) laufen

13. Bei welchem Wort handelt
es sich um ein Adverb?
a) gestern
b) Montag
c) wie
d) bemerkenswert

14. Bei welchem Wort handelt
es sich um ein Objekt in folgen-
dem Satz: „Johanna und Susi

spielen mit ihrem Hund."
a) Johanna
b) Susi
c) spielen
d) Hund
e) ihrem

15. Bei welchem Wort handelt
es sich um ein Prädikat in dem
folgenden Satz: „Johanna geht
gerne in den Stadtpark."
a) Johanna
b) geht
c) gerne
d) in den
e) Stadtpark

16. Bei welchem Wort handelt
es sich um ein Subjekt in fol-
gendem Satz: „Robert
schwimmt oft im See."
a) Robert
b) schwimmt
c) oft
d) im
e) See

17. Bei welchem Wort handelt
es sich um eine Präposition?
a) wir
b) du
c) es
d) in
e) sein

18. Bei welchem Wort handelt es sich um eine Konjunktion?
a) herzlich
b) und
c) ich
d) sein
e) so

19. Bei welchem Wort handelt es sich um ein Verb?
a) hundert
b) Stiftung
c) süß
d) sehen

20. Bei welchem Wort handelt es sich um ein Verb?
a) rollen
b) Rolle
c) rollig
d) Rollator

21. Welches Wort ist ein Pronomen?
a) uns
b) in
c) weil
d) für

22. Welches Wort ist ein bestimmter Artikel?
a) ein
b) er
c) den
d) für

23. Welches Wort steht im Akkusativ?
a) der Ball
b) gelaufen
c) der Fußballer
d) einen Lastwagen

Lösungen

| 1. b) | 9. a) | 17. d) |
|---|---|---|
| 2. d) | 10. b) | 18. b) |
| 3. a) | 11. d) | 19. d) |
| 4. a) | 12. d) | 20. a) |
| 5. d) | 13. a) | 21. a) |
| 6. b) | 14. d) | 22. c) |
| 7. d) | 15. b) | 23. d) |
| 8. a) | 16. a) | |

# Getrennt- und Zusammenschreibung

Wörter können, auf für uns relevante Weise zumindest, als **Wortgruppen** oder als **Zusammensetzungen** miteinander verbunden werden. Bei Wortgruppen ist die eigenständige Bedeutung der Wörter im Vordergrund, während sie bei Zusammensetzungen in den Hintergrund rückt.

Wortgruppen werden getrennt geschrieben und Zusammensetzungen schreibt man zusammen. Doch es ist nicht immer leicht zu erkennen, ob es sich um eine Wortgruppe oder um eine Zusammensetzung handelt. Manchmal sind allerdings auch beide Schreibweisen korrekt. Beispiele: zuhause/zu Hause, aufgrund/auf Grund

Hier sind **fünf Faustregeln**, die eine erste Einschätzung erlauben. Es wird zusammengeschrieben, wenn

- durch das Zusammensetzen eine neue Gesamtbedeutung entsteht (Beispiel: sicherstellen, krankschreiben, schwertun),
- die Bestandteile so verändert sind, dass Wortart, Wortform oder Bedeutung nicht mehr erkennbar sind (Beispiel: nachtsüber, beizeiten, bestenfalls, derart),
- einer der Bestandteile nicht selbstständig vorkommt (Beispiel: großmütig, blauäugig, vieldeutig),
- der erste Bestandteil bedeutungsverstärkend oder bedeutungsabschwächend ist (Beispiel: brandgefährlich, bitterböse, minderwertig, superschnell, extraklein) und
- es sich um gleichrangige Adjektive handelt (Beispiel: nasskalt, feuchtwarm, blaugrün, taubstumm).

**Besondere Regeln zu Verben**

Verbindungen zwischen gleichrangigen Verben werden getrennt geschrieben:

- laufen gehen
- lesen lernen

Verbindungen aus Verb und Partizip (geschenkt, gefangen, gelernt etc.) werden ebenfalls getrennt geschrieben:

- Der Kommissar konnte den Verdächtigen gefangen nehmen.

- Der Schüler konnte nicht versetzt werden.
- Es wird getrennt geschrieben.

Entsteht eine neue Gesamtbedeutung durch das Zusammensetzen, wird zusammengeschrieben:

- zusammenziehen (man zieht zusammen in eine Wohnung/ein Haus ein) im Gegensatz zu: zusammen ziehen (buchstäblich gemeinsam an etwas ziehen).
- zusammenrechnen (addieren) im Gegensatz zu: zusammen rechnen (gemeinsam dem Akt des Rechnens nachgehen)
- wiederbekommen (zurückerhalten) – wieder bekommen (erneut erhalten), wiederkehren

Verbindungen aus Substantiv und Verb werden getrennt geschrieben:

- Ich wollte Auto fahren. Sie konnte Rad fahren. Er mag Fußball spielen. Du sollst keine Angst haben.
- Aber: das Radfahren, das Fußballspielen. (Das) Radfahren birgt viele Gefahren. Trotz des Fußballspielens ist er unsportlich.
- Aber: Wenn die Bedeutung des Substantivs verblasst, schreibt man es zusammen: etwas preisgeben. Er schlafwandelt. Wir mussten notlanden. An etwas teilnehmen.

**Besondere Regeln zu Adjektiven/Partizipien**
Verbindungen gleichrangiger Adjektive werden zusammengeschrieben. (Im Gegensatz zu der Regel bei Verben, wo gleichrangige Verben getrennt geschrieben werden!):

- grünblau
- feuchtwarm
- nasskalt

Ist ein Fugenelement vorhanden (z.B. ein „s"), wird zusammengeschrieben:

- altersschwach
- lebensmüde
- verhaltensauffällig

Verbindungen aus Adjektiv und Partizip, bei denen der erste Bestandteil das adjektivische Partizip ist, werden getrennt geschrieben:

- strahlend weiß
- kochend heiß
- überraschend stark

Verbindungen aus Adjektiv und Verb können getrennt oder zusammengeschrieben werden:

- kleinschneiden / klein schneiden
- warmmachen / warm machen
- kaputtmachen / kaputt machen

Verbindungen aus Adjektiv und Verb werden jedoch getrennt geschrieben, wenn das Adjektiv gesteigert oder durch „sehr" oder „ganz" erweitert ist:

- kleinschneiden / klein schneiden, aber nur: kleiner schneiden
- gerngesehen / gern gesehen, aber nur: sehr gern gesehen

**Besondere Regeln zu Substantiven**

Verbindungen mehrerer Substantive werden zusammengeschrieben:

- Internetmodem
- Bierflasche
- Bücherwurm

Verbindungen mit „bleiben" und „lernen" können getrennt oder zusammengeschrieben werden:

- sitzenbleiben / sitzen bleiben
- kennenlernen / kennen lernen
- bestehenbleiben / bestehen bleiben

Verbindungen aus Partizip und Partizip können getrennt oder zusammengeschrieben werden:

- gefangengenommen / gefangen genommen
- getrenntlebend / getrennt lebend
- gefangengehalten / gefangen gehalten

Häufig lässt die Betonung Aufschluss darüber zu, ob getrennt oder zusammengeschrieben wird. Beispiele:

- aneinanderfügen, aber: aneinander vorbeigehen

- ineinanderfließen
- zusammenziehen

Zahlen unter einer Million werden zusammengeschrieben:
- sechsunddreißigtausendvierhundert
- zweiundzwanzig

Auch:
- einmal, zweimal, dreimal, viermal

Zeit: **3 Minuten**

1. Mein Name wird …
a) getrennt geschrieben.
b) getrenntgeschrieben.

2. Wenn wir an diesem Seil …, schaffen wir es.
a) zusammenziehen
b) zusammen ziehen

3. Anna und Alex werden bald
a) zusammenziehen.
b) zusammen ziehen.

4. Ich habe es dir schon … gesagt.
a) zwanzigmal
b) zwanzig Mal

5. Der Beamte konnte den Tatverdächtigen …
a) gefangennehmen.
b) gefangen nehmen.

6. Man kann mehrere Wörter …
a) aneinanderfügen.
b) aneinander fügen.

7. „Irgendjemand" wird …
a) zusammen geschrieben.
b) zusammengeschrieben.

8. Der Typ muss ja … sein!
a) lebensmüde
b) Lebens müde

9. Das Flugzeug musste …
a) notlanden.
b) Not landen.

10. Das … ist gefährlich.
a) Rad fahren
b) Radfahren

11. 36.400 schreibt man ...
a) sechsunddreißigtausendvierhundert.
b) sechs und dreißig Tausend-Vierhundert.

12. Die ... Geisel konnte befreit werden.
a) gefangengehaltene
b) gefangen gehaltene

13. Wie lautet die korrekte Schreibweise?
a) ineinanderfließen
b) in einander fließen

Lösungen: Getrennt- und Zusammenschreibung

| 1. a)  | 6. a)  | 11. a) |
|--------|--------|--------|
| 2. b)  | 7. b)  | 12. a) |
| 3. a)  | 8. a)  | 13. a) |
| 4. a)  | 9. a)  |        |
| 5. b)  | 10. b) |        |

# Groß- und Kleinschreibung I

## Substantivierungen

Substantivierungen sind Verben (im Infinitiv) oder Adjektive, die als Substantive gebraucht werden. Substantivierungen werden großgeschrieben. Oft steht ein Artikel davor, der auch mit einer Präposition verschmolzen sein kann (zum, beim etc..). Beispiele sind:

- Beim Laufen unterhalten sie sich.
- Das Rumpeln ist gut zu hören.
- Der Neue stellt sich vor.
- Altes und Neues sollte man begrüßen.
- In der Zeitung steht viel Interessantes.
- Der Schlauste bist du nicht gerade.

## Nominale Aneinanderreihungen

Als nominale Aneinanderreihung bezeichnet man ein aus mehreren Wörtern bestehendes Wort, bei dem alle Bestandteile durch Bindestriche miteinander verbunden sind. Das erste Wort wird dabei immer großgeschrieben, da die gesamte Fügung nun ein Substantiv ist. Außerdem werden alle Substantive in der Aneinanderreihung großgeschrieben. Abkürzungen, Ziffern und Einzelbuchstaben behalten ihre ursprüngliche Schreibweise. Beispiele sind:

- UV-Strahlung
- Pro-Kopf-Verbrauch
- Das ist ja zum Aus-der-Haut-Fahren
- Preis-Leistungs-Verhältnis
- das i-Tüpfelchen

## Weitere Regeln:

- Substantive und Namen werden großgeschrieben.
- Tageszeiten nach Adverbien werden als Substantive gesehen und daher großgeschrieben (Bsp.: gestern Nacht, morgen Abend, vorgestern Mittag). Ausnahme: Die Tageszeitangabe „früh" kann man klein- oder großschreiben (Bsp.: heute früh, heute Früh).
- Unbestimmte Pronomen und Zahlwörter werden kleingeschrieben (Bsp.: ein bisschen, ein paar (nicht: ein Paar Schuhe, also zwei Stück)).

- Präpositionen werden kleingeschrieben (Bsp.: dank, kraft, laut, statt, trotz, seitens, angesichts, namens, um ... willen).
- Das erste Wort eines Straßennamens wird großgeschrieben, ebenso alle zum Namen gehörenden Adjektive und Zahlwörter (Bsp.: Lange Gasse, Neuer Markt, Auf dem Sande).
- Von geografischen Namen abgeleitete Wörter auf -er schreibt man immer groß (Bsp.: Berliner Bürger, Münchener Firma).
- Die von geografischen Namen abgeleiteten Adjektive auf -isch schreibt man klein, außer wenn sie Teil eines Namens sind (Bsp.: chinesische Gewürze, böhmische Dörfer).
- Das erste Wort eines in Anführungszeichen gesetzten Satzes wird großgeschrieben (Bsp.: Mit seinem ständigen „Ich mag nicht!" ging er uns allen auf die Nerven.).
- Nach einem Doppelpunkt wird ein selbstständiger Satz in der Regel großgeschrieben (Bsp.: Beachten Sie folgenden Hinweis: Alle Wohnungen verfügen über Einbauküchen.).
- Man schreibt nach einem Doppelpunkt klein, wenn der folgende Text nicht als selbstständiger Satz aufgefasst wird. Das ist in der Regel bei Aufzählungen, bei speziellen Angaben in Formularen etc. der Fall. (Bsp.: Er hatte alles verloren: sein Haus, seinen Hund und seine Frau.)

**Zeit: 5 Minuten**

1. Mathe ist das ...
a) schönste
b) Schönste

2. Beim ... habe ich mich verletzt.
a) Laufen
b) laufen

3. Es gibt montags immer wenig ...
a) Neues
b) neues

4. An ein ... war nicht zu denken.
a) Weglaufen
b) weglaufen

5. Ein ... Auto habe ich mir gewünscht.
a) grünes
b) Grünes

6. Ein ... habe ich mir gewünscht.
a) grünes
b) Grünes

7. Die Ausbildung hatte viel ...
a) schönes
b) Schönes

8. ... sollte man begrüßen.
a) Altes und Neues
b) Altes und neues

9. Wir treffen uns ...
a) morgen mittag
b) Morgen mittag
c) Morgen Mittag
d) morgen Mittag

10. Meistens bin ich ... sehr müde.
a) Abends
b) abends

11. Um Gottes ...
a) Willen
b) willen

12. ... gehen wir jetzt nach Hause.
a) Am besten
b) Am Besten

13. Du bist ... daran!
a) schuld
b) Schuld

14. Es waren mal wieder die ... Verdächtigen.
a) Üblichen
b) üblichen

15. Er genießt das ...
a) Auf-der-faulen-Haut-Liegen
b) auf-der-faulen-Haut-liegen

16. Es sind mal wieder die ... .
a) üblichen
b) Üblichen.

Lösungen: Groß- und Kleinschreibung I

| 1. b) | 7. b) | 13. a) |
|-------|-------|--------|
| 2. a) | 8. a) | 14. b) |
| 3. a) | 9. d) | 15. a) |
| 4. a) | 10. b) | 16. b) |
| 5. a) | 11. b) | |
| 6. b) | 12. a) | |

# Groß- und Kleinschreibung II

Markiere den Satz mit der korrekten Schreibweise.

Zeit: **15 Minuten**

1. a) Ich stimme dir im Allgemeinen zu.
   b) Ich stimme Dir im allgemeinen zu.
   c) Ich Stimme dir im Allgemeinen zu.
   d) Ich stimme Dir im Allgemeinen zu.

2. a) Am Dienstag nachmittag können wir uns treffen.
   b) Am Dienstagnachmittag können wir uns treffen.
   c) Am Dienstag Nachmittag können wir uns Treffen.
   d) Am dienstag Nachmittag können wir uns treffen.

3. a) Jeweils am ersten des Monats findet die veranstaltung statt.
   b) Jeweils am Ersten des Monats findet die Veranstaltung statt.
   c) Jeweils am ersten des Monats findet die Veranstaltung statt.
   d) Jeweils am ersten des monats findet die Veranstaltung statt.

4. a) Im folgenden abschnitt wird das Ganze nochmals erklärt.
   b) Im Folgenden Abschnitt wird das ganze nochmals erklärt.
   c) Im folgenden Abschnitt wird das ganze nochmals Erklärt.
   d) Im folgenden Abschnitt wird das Ganze nochmals erklärt.

5. a) Von den unzähligen, die vor der Mauer standen, brach Jeder zweite in Tränen aus.
   b) Von den unzähligen, die vor der Mauer standen, brach jeder zweite in Tränen aus.
   c) Von den Unzähligen, die vor der Mauer standen, brach jeder Zweite in Tränen aus.
   d) Von den unzähligen, die vor der Mauer standen, brach jeder Zweite in Tränen aus.

6. a) Sie trug am liebsten Kleider in Weiß.
   b) Sie Trug am liebsten Kleider in weiß.
   c) Sie trug am Liebsten Kleider in Weiß.
   d) Sie trug am Liebsten Kleider in weiß.

7. a) Vom bayerischen Wald bis zu den ostfriesischen Inseln ...
   b) Vom Bayerischen Wald bis zu den Ostfriesischen Inseln ...
   c) Vom Bayerischen wald bis zu den Ostfriesischen inseln ...
   d) Vom bayerischen wald bis zu den ostfriesischen inseln ...

8. a) Die Ermittler tappten bei der Suche im Dunkeln.
   b) Die Ermittler Tappten bei der Suche im dunkeln.
   c) Die Ermittler tappten bei der suche im Dunkeln.
   d) Die Ermittler tappten bei der Suche im dunkeln.

9. a) Ihr wurde Angst und Bange bei dem gedanken an den Keller.
   b) Ihr wurde Angst und Bange bei dem Gedanken an den Keller.
   c) Ihr wurde Angst und bange bei dem Gedanken an den Keller.
   d) Ihr wurde angst und bange bei dem Gedanken an den Keller.

10. a) Sie haben dem Unternehmen großes leid zugefügt.
    b) Sie haben dem Unternehmen großes Leid zugefügt.
    c) Sie haben den unternehmen großes Leid zugefügt.
    d) Sie haben dem Unternehmen Großes Leid zugefügt.

11. a) Ist es dir recht, wenn wir morgen gemeinsam Essen?
    b) Ist es Dir recht, wenn wir Morgen gemeinsam essen?
    c) Ist es dir Recht, wenn wir Morgen gemeinsam Essen?
    d) Ist es dir recht, wenn wir morgen gemeinsam essen?

12. a) Es ist ein schöner Tag, die Sonne scheint und die Vögel zwitschern.
    b) Es ist ein schöner Tag, die Sonne scheint und die vögel zwitschern.
    c) Es ist ein schöner tag, die Sonne scheint und die Vögel zwitschern.

d) Es ist ein schöner Tag, die Sonne scheint und die Vögel Zwitschern.

13. a) Er reiste zum ersten Mal nach China, aber viel Erfahrung hatte er nicht.

    b) Er Reiste zum ersten Mal nach China, aber viel Erfahrung hatte er nicht.

    c) Er reiste zum Ersten mal nach China, aber viel erfahrung hatte er nicht.

    d) Er reiste zum Ersten Mal nach China, aber viel erfahrung hatte er nicht.

14. a) Alles weitere kann mit mir besprochen werden.

    b) Alles Weitere kann mit Mir besprochen werden.

    c) Alles weitere kann mit mir Besprochen werden.

    d) Alles Weitere kann mit mir besprochen werden.

15. a) Meiner meinung nach ist es nicht gut, wenn ein Buch viele Rechtschreibfehler hat.

    b) Meiner Meinung nach ist es nicht gut, wenn ein Buch viele rechtschreibfehler hat.

    c) Meiner Meinung nach ist es nicht gut, wenn ein Buch viele Rechtschreibfehler hat.

    d) Meiner Meinung nach ist es nicht Gut, wenn ein Buch viele Rechtschreibfehler hat.

16. a) Der Eine oder Andere wird noch kommen.

    b) Der eine oder andere wird noch kommen.

    c) Der Eine oder andere wird noch kommen.

    d) Der eine oder Andere wird noch kommen.

## Lösungen: Groß- und Kleinschreibung II

| 1. a) | 7. b) | 13. a) |
|-------|-------|--------|
| 2. b) | 8. a) | 14. d) |
| 3. b) | 9. d) | 15. c) |
| 4. d) | 10. b) | 16. b) |
| 5. c) | 11. d) | |
| 6. a) | 12. a) | |

## Schreibweise von Straßennamen

Für die Schreibweise der Namen von öffentlichen Straßen, Plätzen und Brücken gelten im Allgemeinen dieselben Regeln wie für sonstige Namen. Abweichende Einzelfestlegungen durch die jeweils zuständigen Behörden kommen jedoch vor.

Das erste Wort eines Straßennamens wird großgeschrieben, ebenso alle zum Namen gehörenden Adjektive und Zahlwörter:
- Im Trutz
- Am Alten Lindenbaum
- Kleine Bockenheimer Straße
- An den Drei Tannen

Zusammengesetzte Straßennamen schreibt man zusammen:
- Bahnhofstraße, Rathausgasse, Bismarckring, Beethovenplatz, Schlossallee
- Neumarkt, Langgasse, Hochstraße

Bei einem gebeugten Adjektiv wird getrennt geschrieben:
- Neuer Markt, Lange Gasse, Hohe Straße

Getrennt schreibt man, wenn eine Ableitung auf „-er" von einem Orts- oder Ländernamen vorliegt:
- Leipziger Straße, Am Saarbrücker Tor, Thüringer Platz, Kalk-Deutzer Straße, Bad Homburger Weg oder Bad-Homburger Weg

Straßennamen, die mit mehrteiligen Namen zusammengesetzt sind, schreibt man mit Bindestrichen:
- Georg-Büchner-Straße, Kaiser-Friedrich-Ring, Van-Dyck-Weg, E.-T.-A.-Hoffmann-Straße, Carl-Maria-von-Weber-Allee, Berliner-Tor-Platz, Am St.-Georgs-Kirchhof, Bad-Kissingen-Straße, Sankt-Blasien-Weg, Von-Repkow-Platz, Bürgermeister-Dr.-Meier-Allee

Korrekte Schreibweise:

- Straße, Allee, Chaussee, Pfad, Weg, Platz, Gasse, Hof, Markt, Damm

Beantworte bitte die folgenden Aufgaben, indem du den Buchstaben mit der richtigen Schreibweise markierst. Zeit: **5 Minuten**

1.
a) Bismarkstraße
b) Bismarck Strasse
c) Bismarckstraße
d) Bismark-Straße

2.
a) Kaiser-Wilhelm-Allee
b) Kaiser Willhelm Allee
c) Kaiserwilhelm Allee
d) Kaiser-Willhelm Alee

3.
a) Leipziger Strasse
b) Leipzigerstraße
c) Leipziger-Straße
d) Leipziger Straße

4.
a) Charlottenburger-Chausee
b) Charlotten-Burger-Chaussee
c) Charlottenburger Chaussee
d) Charlottenburger Choussee

5.
a) Nietsche Straße
b) Nietzschestraße
c) Nietzsche-Straße
d) Nietschestrasse

6.
a) Altona-Neustädter Chaussee
b) Altona-Neustädter-Chaussee
c) Altona Neustädter Choussee
d) Altona Neustädter Chaussee

7.
a) Beethovenplatz
b) Beethoven Platz
c) Beethofenplatz
d) Beethoven-Platz

8.
a) Bären Weg
b) Berenweg
c) Bären-Weg
d) Bärenweg

9.
a) Frankfurter Alle
b) Frankfurter-Allee
c) Frankfurter Allee
d) Frankfurterallee

10.
a) Willy-Brandt-Platz
b) Willi Brandt Platz
c) Willy-Brant Platz
d) Willi Brand-Platz

**Lösungen**

Zu 1. c) Bismarckstraße
Ist nur der Nachname einer Person Teil des Straßennamens, wird er zu-sammen- geschrieben. Der Politiker Bismarck schreibt sich mit „ck".

Zu 2. a) Kaiser-Wilhelm-Allee
Wenn der Straßenname den Vor- und Nachnamen einer Person beinhal-tet, werden alle Glieder mit Bindestrich verbunden.

Zu 3. d). Leipziger Straße
Ist die Straße nach einem Ort benannt, steht der Ortsname getrennt von der Straßenbezeichnung. Straße schreibt sich mit „ß".

Zu 4. c) Charlottenburger Chaussee
Ist die Straße nach einem Ort benannt, steht der Ortsname getrennt von der Straßenbezeichnung. „Chaussee" schreibt sich mit „ss" und „ee".

Zu 5. b) Nietzschestraße
Ist nur der Nachname einer Person Teil des Straßennamens, wird er zu-sammengeschrieben. Der Philosoph Nietzsche schreibt sich mit „tz".

Zu 6. a) Altona-Neustädter Chaussee
Ist die Straße nach einem Ort benannt, steht der Ortsname getrennt von der Straßenbezeichnung. Altona-Neustadt ist eine Ortsbezeichnung.

Zu 7. a) Beethovenplatz
Ist nur der Nachname einer Person Teil des Straßennamens, wird er zu-sammengeschrieben.

Zu 8. d) Bärenweg
Ist ein Substantiv namensgebend, wird es mit der Straßenbezeichnung zusammengeschrieben.

Zu 9. c) Frankfurter Allee
Ist die Straße nach einem Ort benannt, steht der Ortsname getrennt von der Straßenbezeichnung.

Zu 10. a) Willy-Brandt-Platz
Wenn der Straßenname den Vor- und Nachnamen einer Person beinhal-tet, werden alle Glieder mit Bindestrich verbunden. Der Politiker Willy Brandt schreibt sich mit „y" und „dt".

# Diktate

Im Folgenden findest du zwei Diktate. Lass dir diese Diktate am besten von einem Freund oder einer Freundin vorlesen und versuche, möglichst wenige Rechtschreib- und Grammatikfehler zu machen.

### Diktat 1 – Eskalation vermeiden (226 Wörter)

Das Recht auf freie Meinungsäußerung gehört ebenso zu den Grundrechten wie die Versammlungsfreiheit. Ursprünglich friedliche Großdemonstrationen, die sich plötzlich zu gewalttätigen Krawallen entwickeln, provozieren jedoch oftmals den Ruf nach einer genauen Definition, wo die Rechte der Demonstrierenden enden und die Pflichten beginnen. Die Gesetzeshüterinnen und Gesetzeshüter sehen sich hier häufig nur schwer voraussehbaren Situationen ausgesetzt, in denen es darauf ankommt, schnell und spontan zu reagieren, um Schlimmeres zu verhindern. Sowohl die Geschichte als auch die Psychologie lehrt, dass das Aufeinandertreffen großer Menschenmassen, die von verschiedenen Ideologien geleitet werden, gefährliche Mechanismen freisetzen kann. Die Gründe liegen klar auf der Hand. In der Gruppe fällt es leichter, seine Meinung zu vertreten, da man von Gleichgesinnten umgeben ist. Besonders riskant ist in diesem Zusammenhang jedoch auch das Phänomen, in der Masse verschwinden zu können. Das Moment der Eigenverantwortung nimmt ab, Hemmschwellen fallen und die Betroffenen lassen sich von den jeweiligen Strömungen mitreißen und im schlimmsten Fall zu aggressiven Handlungen verleiten. Wie also beugt man derartigen Übergriffen vor? Diktaturen und Militärregime bieten hier keinerlei Anhaltspunkte. Denn unter dem Vorwand, Eskalation zu verhindern, untersagen sie sämtliche Formen der Kundgebungen und Demonstrationen. Demonstrationen stellen ein wesentliches Element dieses Mitwirkens großer Bevölkerungsteile dar. Daher sollte nicht das Recht auf Versammlungsfreiheit infrage gestellt, sondern der Fokus auf die Entwicklung von Strategien der kommunikativen Konfliktlösung gelegt werden, um den friedlichen Ausgang von Demonstrationen zu garantieren.

## Diktat 2 – Teamwork ist bekanntermaßen alles (214 Wörter)

In einer Gesellschaft, in der sich alles nur um Leistungsstreben und Konkurrenzkampf dreht, gewinnt die Bedeutung von Teamwork eine immer größer werdende Rolle. Dies trifft vor allem auf Berufe zu, in denen nicht nur der Erfolg, sondern auch Gesundheit und Leben der Betroffenen von einer tadellosen Kommunikation und vorbildlichen Zusammenarbeit abhängen. Sei es nun im medizinischen oder sozialen Bereich, die Fähigkeit, gemeinsam mit Kolleginnen und Kollegen an einem Ziel zu arbeiten, ist ein entscheidendes Kriterium bei der Personalauswahl. Ähnliches gilt natürlich auch für die Polizeiarbeit, welche Experten auf unterschiedlichen Gebieten zusammenführt. Eine klare und transparente Verständigung zwischen den Beteiligten bildet dabei die Grundlage, um zu einem zuverlässigen Ermittlungsergebnis zu gelangen. Wer hier eine Schwäche sieht, sollte sich für einen anderen Beruf, in dem ein unabhängiges und eigenständiges Arbeiten als vorteilhaft angesehen wird, entscheiden. Bei einem Polizeieinsatz stellt diese Verhaltens- beziehungsweise Vorgehensweise jedoch ein unnötiges Risiko dar und kann nicht nur das eigene Leben, sondern auch das der Kollegin beziehungsweise des Kollegen sowie schutzbedürftiger Bürgerinnen und Bürger gefährden. In der Ausbildung sowie im Beruf gilt es also, ein entspanntes Arbeitsklima herzustellen, die Verständigung nach allen Regeln der Kunst zu fördern und auf diese Weise dafür zu sorgen, dass Unarten wie Ellenbogendenken, Diskriminierung und Mobbing, welche gerade hier ein gravierendes Sicherheitsrisiko darstellen, gar nicht erst aufkommen.

# Deutscher Lückentext

In den Lückentext-Übungen müssen die leeren Positionen um Pronomen, Verben, Adjektive, Subjekte, Artikel, Appositionen oder die korrekte Kasus- oder Pluralmarkierung ergänzt werden.

1. Der Kunde nimmt _____ Produkt entgegen, um es später auszuprobieren.
a) das
b) die
c) der
d) des

2. Auf dem Weg zur Arbeit wurde ____ Angestellten bewusst, dass er seine Brieftasche zuhause vergessen hatte.
a) des
b) den
c) dem
d) die

3. Es ist wichtig, sich einen ____blick zu verschaffen.
a) An
b) Aus
c) Um
d) Über

4. Meine Großeltern haben ____ Nachbarin, die täglich Unkraut jätet.
a) eine
b) ein
c) einen
d) einer

5. Wir leben in einer Straße, ___ ___ nicht viel los ist.
a) in das
b) in der
c) in dem
d) in die

6. Auf der Autobahn entdecke ich ein Fahrzeug, _____ zu schnell fährt.
a) welcher
b) welchen
c) welches
d) welchem

7. Der NSA-Untersuchungsausschuss soll Ausmaß und Hintergründe der Ausspähungen durch _____ Geheimdienste in Deutschland aufklären.
a) Ausland
b) ausländische
c) fremd
d) fremde

8. Unter einem Verbrechen wird gemeinhin ein schwerwiegender Verstoß gegen die Rechtsordnung ___ Gesellschaft oder die Grundregeln menschlichen Zusammenlebens verstanden.

a) seiner
b) keiner
c) einer
d) ihrer

9. Unter Kapital im volkswirt-
schaftlichen Sinne kann man
alle bei der Erzeugung betei-
ligte Produktionsmittel _____.
a) lernen
b) verstehen
c) sehen
d) behandeln

10. Südostengland mit der
Hauptstadt London, der klima-
tisch meist-begünstigte Teil
Großbritanniens, unterscheidet
sich in _____ Hinsicht von den
anderen Teilen der Insel.
a) vielerlei
b) weiter
c) großer
d) mehrerer

11. Neben der Bushaltestelle
steht ___ _____ Junge und
wartet auf den Bus.
a) ein kleiner
b) eine kleine
c) ein kleines
d) einer kleiner

12. Dass die Betreuung für ältere Menschen zu viel kostet,
ist eine _____stellung.
a) Über
b) Unter

c) Auf
d) Ab

13. Die Aussage, ___ die Anzahl
der Gewaltdelikte jedes Jahr
steigt, muss überprüft werden.
a) welche
b) daß
c) das
d) dass

14. Dass ___ der Höhepunkt ist,
hat niemand bezweifelt.
a) dass
b) das
c) welches
d) daß

15. Das Werk des angesehenen
italienischen _____
wurde mit dem Literaturnobel-
preis ausgezeichnet.
a) Schriftstellern
b) Schriftsteller
c) Schriftstellers
d) Schriftstelle

16. Der Fund des _____ ist für
die weiteren Ermittlungen von
großer Bedeutung.
a) Fluchtfahrzeugs
b) Flucht Fahrzeugs
c) Fluchtfahrzeug
d) Flucht-Fahrzeug

17. Bevor man sich ein neues
Auto zulegt, ist es ratsam, eine
_____ zu machen.

a) Probe Fahrt
b) Probefahrt
c) probefahrt
d) probe Fahrt

18. Am Abend werden _____
die Ampeln ausgeschaltet.
a) überlicherweise
b) üblicherweise
c) üblichweise
d) üblicher Weise

19. Der Vorname meiner
_____ ist Anna.
a) Lehrer
b) Lehrers
c) Lehrern
d) Lehrerin

20. Wenn du jetzt _____, ist
alles vorbei.
a) gingst
b) gehen
c) geht
d) gehst

21. Das _____ von Alkohol ist
während der Dienstzeit nicht
erlaubt.
a) trinken
b) Getränk
c) Trinken
d) Getrinke

22. Wenn man etwas investiert,
erwartet man, etwas

_____.
a) zurückzuerhalten

b) zurück zu erhalten
c) zurück erhalten
d) zurückerhalten

23. Ein Verbrechen ist ein Verstoß gegen die Rechtsordnung
_____ Staates.
a) ein
b) einer
c) eines
d) einem

24. Diese Frage sollten Sie mit
Ihrem _____ besprechen.
a) Ärzten
b) Arzt
c) Ärztin
d) Arztes

25. Das Dschungelbuch ist eine
Sammlung von Erzählungen
und Gedichten des britischen
____ Rudyard Kipling.
a) Autor
b) Autorin
c) Autoren
d) Autors

26. Häufig folgt auf einen
Putsch eine Militärdiktatur
oder die Herrschaft eines auto-
ritären ___.
a) regime
b) Regime
c) Regimes
d) regimes

27. Die Karrieremessen werden von Hochschulen, professionel-len ___ und den Industrie- und Handelskammern organisiert.
a) Dienstleister
b) Dienstleistern
c) Dienstleisters
d) Dienstleisterin

28. Non-Profit-Organisationen nehmen bestimmte ___ der Be-darfsdeckung, Förderung oder Interessenvertretung bzw. Beeinflussung für ihre Mitglie-der oder Dritte wahr.
a) Zwecke
b) Zweck
c) Zwecks
d) Zwecken

29. Ziele von Frauenvereinen sind häufig soziale Anliegen im ___ oder Frauenthemen und Frauenfragen im Besonderen.
a) allgemein
b) Allgemein
c) Allgemeinen
d) allgemeinen

30. Die Kriegsküche war im Ers-ten Weltkrieg eine Suppenkü-che zur Versorgung weiter ___ der Zivilbevölkerung.
a) Kreis
b) Kreise
c) Kreisen
d) Kreises

Lösungen: Deutscher Lückentext

| 1. a) | 11. a) | 21. c) |
|-------|--------|--------|
| 2. c) | 12. b) | 22. a) |
| 3. d) | 13. d) | 23. c) |
| 4. a) | 14. b) | 24. b) |
| 5. b) | 15. c) | 25. d) |
| 6. c) | 16. a) | 26. c) |
| 7. b) | 17. b) | 27. b) |
| 8. c) | 18. b) | 28. a) |
| 9. b) | 19. d) | 29. c) |
| 10. a) | 20. d) | 30. b) |

Zu 22.: a) Für die Getrennt- oder Zusammenschreibung bei Erweiterungen von Infinitiven mit „zu" gibt es eine einfache Regel: Wird das Verb in seiner Grundform bereits zusammengeschrieben, so wird auch die Erweiterung mit „zu" zusammengeschrieben. Wird die Verb-Verbindung allerdings auseinander geschrieben, wird auch die Erweiterung getrennt geschrieben.

**Tipp:** Mehr als 200 weitere Aufgaben zu Lückentexten findest du in unserer kostenlosen Testtrainer App. Eine Anleitung, wie du die App herunterladen und aktivieren kannst, findest du auf Seite 29.

# Konjunktionen

Konjunktionen werden auch Bindewörter genannt. Vereinfacht gesagt ist ihre Aufgabe, einzelne Satzteile zu verbinden. So verbinden sie entweder zwei Haupt-sätze, zwei Nebensätze oder einen Hauptsatz und einen Nebensatz durch ein Komma miteinander. Der Vollständigkeit halber sei erwähnt, dass sie auch einzelne Wörter, Satzglieder oder Satzgruppen verbinden können. In diesem Unterkapitel wollen wir uns aber auf die Haupt- und Nebensätze konzentrieren.

Ein Hauptsatz ist immer ein vollständiger Satz, der für sich allein stehen kann. Beispiel: Ein Hund läuft auf der Straße. Einen Nebensatz erkennst du daran, dass er für sich allein keinen Sinn ergibt, zum Beispiel: ein Hund auf der Straße läuft. Je nachdem, welche Satzteile die Konjunktionen miteinander verbinden, unterscheidet man zwischen nebenordnenden Konjunktionen und unterordnenden Konjunktionen.

## Nebenordnende Konjunktionen
Diese verbinden Satzteile, Hauptsätze und/oder Nebensätze miteinander. Beispiel: Sie kam zu spät, denn sie hatte den Bus verpasst. Die Konjunktion ist hier das Wort „denn". Weitere nebenordnende Konjunktionen sind unter anderem: aber, oder, außer, wie, denn, sondern.

## Unterordnende Konjunktionen
Diese verbinden einen Hauptsatz mit einem Nebensatz. Ein solcher Satz könnte wie folgt lauten: Wasche den Apfel ab, bevor du ihn isst. Der Hauptsatz beginnt mit dem Wort „Wasche" und der Nebensatz wird mit der Konjunktion „bevor" eingeleitet. Ein weiteres Beispiel ist: Sie war noch sehr jung, als sie heiratete. Unterordnende Konjunktionen sind außerdem: dass, sodass, bis, von dem etc.

Setze die zur Verfügung stehende Konjunktion so in den Satz ein, dass ein grammatikalisch korrekter Satz entsteht.

Zeit: **5 Minuten**

# Konjunktionen

**Weil, Da, Ob, Obwohl**

1. _____ Kinder von Natur aus neugierig sind, gibt es viele Möglichkeiten der Wissensvermittlung.

**ob, weil, wenn, als**

2. Kinder wünschen sich unterhaltsamen Schulunterricht, _____ sie diese Form des Unterrichts durch die Sesamstraße gewöhnt sind.

**wenn, weil, zumal, während**

3. Die Eltern begrüßen solche Fernsehsendungen, _____ sie ihnen die Rechtfertigung liefern, Kinder stundenlang vor dem Fernsehgerät sitzen zu lassen.

**Falls, Weil, Wenn, Während**

4. _____ Eltern sehr beschäftigt sind, verbringen Kinder oft unbeaufsichtigt Zeit vor dem Fernseher.

**indem, weil, es sei denn, obwohl**

5. Sesamstraße ist nicht als Unterricht zu bezeichnen, _____, dass grundlegende bildungstheoretische Bedingungen berücksichtigt werden.

**haben, sollen, wollen, um**

6. Kinder _____ kein falsches Bild vom Schulunterricht bekommen.

**sollen, um, haben, wollen**

7. Eltern _____ den Kindern kein falsches Bild von Schule vermitteln.

**Während, Auch wenn, Indem, Falls**

8. _____ Kinder sich vom Fernsehen angezogen fühlen, verschließen sie sich doch nicht den Angeboten ihrer Mitschüler.

**Egal, Wobei, Je nachdem, Sondern auch**

9. _____, was Kinder bevorzugen, wird ihr Lernverhalten beeinflusst.

**Als, Wie, Wo, Was**

10. _____ Bildungstheoretiker herausfanden, muss Lernen auch mit einem gewissen Maß an Disziplin verbunden sein.

Lösungen: Konjunktionen

### Zu 1.: **Da**

Da Kinder von Natur aus neugierig sind, gibt es viele Möglichkeiten der Wissensvermittlung.

Zwischen den Konjunktionen „da" und „weil" bestehen feine Unterschiede im Gebrauch. „Da" wird meist verwendet, wenn das Geschehen im Nebensatz ohne besonderes Gewicht ist, vor allem wenn es bereits bekannt ist. Dann ist der Nebensatz meist Vordersatz.

### Zu 2.: **weil**

Kinder wünschen sich unterhaltsamen Schulunterricht, weil sie diese Form des Unterrichts durch die Sesamstraße gewöhnt sind.

„Weil" wird vor allem verwendet, wenn das Geschehen wichtig und neu ist. Der Nebensatz ist dann meist Nachsatz.

### Zu 3.: **zumal**

Die Eltern begrüßen solche Fernsehsendungen, zumal sie ihnen die Rechtfertigung liefern, Kinder stundenlang vor dem Fernsehgerät sitzen zu lassen.

Die Konjunktion „zumal" benennt einen zusätzlichen Grund, der auch zumeist verstärkende Bedeutung hat.

### Zu 4.: **Wenn**

Wenn Eltern sehr beschäftigt sind, verbringen Kinder oft unbeaufsichtigt Zeit vor dem Fernseher.

Die Konjunktionen „wenn" und „falls" unterscheiden sich insofern, als „wenn" auch immer eine temporale Bedeutung hat. „Falls/sofern" haben ausschließlich konditionale Bedeutung.

### Zu 5.: **es sei denn**

Sesamstraße ist nicht als Unterricht zu bezeichnen, es sei denn, dass grundlegende bildungstheoretische Bedingungen berücksichtigt werden.

Ein Satz, der mit „es sei denn" eingeleitet wird, hat ausschließlich konditionale Bedeutung.

### Zu 6.: **sollen**

Kinder sollen kein falsches Bild vom Schulunterricht bekommen.

„Sollen" und „wollen" sind Modalverben, die Wunsch, Zwang oder Möglichkeit bezeichnen. Die passende modale Konjunktion lautet „sollen".

### Zu 7.: **wollen**

Eltern wollen den Kindern kein falsches Bild von Schule vermitteln.

Auch hier gilt, „sollen" und „wollen" sind Modalverben, die Wunsch, Zwang oder Möglichkeit bezeichnen. Die passende modale Konjunktion lautet „wollen".

### Zu 8.: **Auch wenn**

Auch wenn Kinder sich vom Fernsehen angezogen fühlen, verschließen sie sich doch nicht den Angeboten ihrer Mitschüler.

Die Konjunktionen „wenn auch", „auch wenn", „selbst wenn" betonen den Sachverhalt des Nebensatzes.

### Zu 9.: **Je nachdem**

Je nachdem, was Kinder bevorzugen, wird ihr Lernverhalten beeinflusst.

Mit der Konjunktion „je nachdem" werden Kriterien bezeichnet, die darüber entscheiden, was im vorhergehenden Hauptsatz zutreffen kann. Die Konjunktion wird immer in Verbindung mit einem Interrogativpronomen verwendet.

### Zu 10.: **Wie**

Wie Bildungstheoretiker herausfanden, muss Lernen auch mit einem gewissen Maß an Disziplin verbunden sein.

Mit der Konjunktion „wie" wird die Quelle einer Information gekennzeichnet.

# Kommasetzung

Kommata treten im Deutschen in verschiedenen Satzkonstellationen auf. Hier sind einige Grundregeln, die du bei der Kommasetzung beachten solltest.

**Regeln**

1. Ein Komma kann bei Aufzählungen genutzt werden.

Beispiel: Ich bin eine fleißige, strebsame, ordentliche Schülerin. Oder: Ich bin eine fleißige, strebsame und ordentliche Schülerin. Hier wurde das Komma durch ein „und" ersetzt. Statt „und" könnte auch „oder" oder „sowie" das Komma ersetzen.

2. Ein Komma steht vor Konjunktionen wie aber, allerdings, jedoch, sondern etc.

Beispiel: Ihre Mutter ist eine liebevolle, aber strenge Frau. Nicht nur der Bus, sondern auch der Zug ist sehr pünktlich.

3. Wird das Subjekt in einem Satz genauer beschrieben, wird die nähere Beschreibung (Apposition) durch Kommas eingeschlossen.

Beispiel: Herr Schneider, der Nachbar, ist genervt von den Kindern.

4. Ein Komma trennt den Hauptsatz vom Nebensatz ab. Weil es schneit, dürfen die Kinder im Klassenraum bleiben.

Beispiel: Die Kinder dürfen im Klassenraum bleiben, weil es schneit. Der Mann, der jeden Sonntag joggen geht, ist krank.

Zeit: **10 Minuten**

1. In welchem Satz sind alle Kommas richtig gesetzt?
a) Der Kriminalstatistik 2014, die Schleswig-Holstein im März 2015 veröffentlichte, ist zu entnehmen, dass die Anzahl der Kriminalfälle um 1,2 Prozent auf 202.301 Delikte anstieg, nachdem in den vier Kalenderjahren zuvor eine rückläufige Kriminalität verzeichnet wurde.
b) Der Kriminalstatistik 2014 die Schleswig-Holstein im März 2015 veröffentlichte ist zu entnehmen, dass die Anzahl der Kriminalfälle um 1,2

Prozent auf 202.301 Delikte anstieg nachdem in den vier Kalenderjahren zuvor eine rückläufige Kriminalität verzeichnet wurde.

c) Der Kriminalstatistik 2014, die Schleswig-Holstein im März 2015 veröffentlichte, ist zu entnehmen dass die Anzahl der Kriminalfälle um 1,2 Prozent auf 202.301 Delikte anstieg, nachdem in den vier Kalenderjahren zuvor eine rückläufige Kriminalität verzeichnet wurde.

d) Der Kriminalstatistik 2014, die Schleswig-Holstein im März 2015 veröffentlichte, ist zu entnehmen, dass die Anzahl der Kriminalfälle um 1,2 Prozent, auf 202.301 Delikte anstieg, nachdem in den vier Kalenderjahren zuvor eine rückläufige Kriminalität verzeichnet wurde.

2. In welchem Satz sind alle Kommas richtig gesetzt?
a) „Da die Aufklärungsquote auf 51,2 Prozent angestiegen ist bleibt Schleswig-Holstein ein sicheres Bundesland" erklärte Stefan Studt der Landesinnenminister stolz, „zumal dies der beste Wert des letzten Jahrzehnts ist."
b) „Da die Aufklärungsquote auf 51,2 Prozent angestiegen ist, bleibt Schleswig-Holstein ein sicheres Bundesland", erklärte Stefan Studt, der Landesinnenminister stolz, „zumal dies der beste Wert des letzten Jahrzehnts ist."
c) „Da die Aufklärungsquote, auf 51,2 Prozent angestiegen ist, bleibt Schleswig-Holstein ein sicheres Bundesland", erklärte Stefan Studt, der Landesinnenminister stolz, „zumal dies der beste Wert, des letzten Jahrzehnts ist."
d) „Da die Aufklärungsquote auf 51,2 Prozent angestiegen ist, bleibt Schleswig-Holstein ein sicheres Bundesland", erklärte Stefan Studt, der Landesinnenminister stolz „zumal dies der beste Wert des letzten Jahrzehnts ist."

3. In welchem Satz sind alle Kommas richtig gesetzt?
a) Die Häufigkeitszahl die angibt, wie viele Straftaten auf 100.000 Einwohner entfallen erhöhte sich leicht auf 7.184.
b) Die Häufigkeitszahl die angibt, wie viele Straftaten auf 100.000 Einwohner entfallen, erhöhte sich leicht auf 7.184.
c) Die Häufigkeitszahl, die angibt, wie viele Straftaten, auf 100.000 Einwohner entfallen, erhöhte sich leicht auf 7.184.
d) Die Häufigkeitszahl, die angibt, wie viele Straftaten auf 100.000 Einwohner entfallen, erhöhte sich leicht auf 7.184.

4. In welchem Satz sind alle Kommas richtig gesetzt?

a) Der Kriminalitätsanstieg gegenüber 2013, verlautbarte der Innenminister, beruhe im Wesentlichen auf Verstößen gegen das Asylverfahrens-, das Aufenthalts- und das EU-Freizügigkeitsgesetz.

b) Der Kriminalitätsanstieg gegenüber 2013 verlautbarte der Innenminister, beruhe im Wesentlichen auf Verstößen gegen das Asylverfahrens-, das Aufenthalts- und das EU-Freizügigkeitsgesetz.

c) Der Kriminalitätsanstieg gegenüber 2013 verlautbarte der Innenminister beruhe im Wesentlichen auf Verstößen gegen das Asylverfahrens-, das Aufenthalts- und das EU-Freizügigkeitsgesetz.

d) Der Kriminalitätsanstieg, gegenüber 2013, verlautbarte der Innenminister, beruhe im Wesentlichen auf Verstößen, gegen das Asylverfahrens-, das Aufenthalts- und das EU-Freizügigkeitsgesetz.

5. In welchem Satz sind alle Kommas richtig gesetzt?

a) Während in 2014 noch 4.309 derartige Delikte verzeichnet wurden kam es 2015 zu einer Erhöhung um 3.463 Fälle auf 7.772 was einem Anstieg von 80,4 Prozent entspricht.

b) Während in 2014 noch 4.309 derartige Delikte verzeichnet wurden, kam es 2015 zu einer Erhöhung um 3.463 Fälle auf 7.772 was einem Anstieg von 80,4 Prozent entspricht.

c) Während in 2014 noch 4.309 derartige Delikte verzeichnet wurden, kam es 2015 zu einer Erhöhung, um 3.463 Fälle auf 7.772, was einem Anstieg von 80,4 Prozent entspricht.

d) Während in 2014 noch 4.309 derartige Delikte verzeichnet wurden, kam es 2015 zu einer Erhöhung um 3.463 Fälle auf 7.772, was einem Anstieg von 80,4 Prozent entspricht.

6. In welchem Satz sind alle Kommas richtig gesetzt?

a) Dies liege, so Studt, an einem vermehrten Zuzug, von Flüchtlingen, nicht nur aus weltweiten Kriegs-, sondern auch Armutsregionen.

b) Dies liege, so Studt, an einem vermehrten Zuzug von Flüchtlingen nicht nur aus weltweiten Kriegs-, sondern auch Armutsregionen.

c) Dies liege so Studt, an einem vermehrten Zuzug von Flüchtlingen nicht nur aus weltweiten Kriegs-, sondern auch Armutsregionen.

d) Dies liege so Studt an einem vermehrten Zuzug von Flüchtlingen nicht nur aus weltweiten Kriegs-, sondern auch Armutsregionen.

7. In welchem Satz sind alle Kommas richtig gesetzt?

a) Im Übrigen berichtete der Innenminister von rückläufigen Zahlen, musste aber eine Zunahme bei Raub und Brandstiftung einräumen.

b) Im Übrigen, berichtete der Innenminister von rückläufigen Zahlen, musste aber eine Zunahme bei Raub und Brandstiftung einräumen.

c) Im Übrigen berichtete der Innenminister von rückläufigen Zahlen musste aber eine Zunahme bei Raub und Brandstiftung einräumen.

d) Im Übrigen berichtete der Innenminister, von rückläufigen Zahlen, musste aber eine Zunahme bei Raub und Brandstiftung einräumen.

8. In welchem Satz sind alle Kommas richtig gesetzt?

a) Während die Gewaltkriminalität um ein Prozent zurückging verminderte sich die Zahl der Diebstähle um 0,3 Prozent der Sachbeschädigungen um 1,7 Prozent und der Vermögensdelikte um 2,9 Prozent wohingegen 78 vorsätzliche Brandstiftungen mithin 13,4 Prozent mehr als im Vorjahr registriert wurden.

b) Während die Gewaltkriminalität um ein Prozent zurückging, verminderte sich die Zahl der Diebstähle um 0,3 Prozent, der Sachbeschädigungen, um 1,7 Prozent und der Vermögensdelikte, um 2,9 Prozent, wohingegen 78 vorsätzliche Brandstiftungen, mithin 13,4 Prozent mehr als im Vorjahr registriert wurden.

c) Während die Gewaltkriminalität um ein Prozent zurückging, verminderte sich die Zahl der Diebstähle um 0,3 Prozent, der Sachbeschädigungen um 1,7 Prozent und der Vermögensdelikte um 2,9 Prozent, wohingegen 78 vorsätzliche Brandstiftungen, mithin 13,4 Prozent mehr als im Vorjahr registriert wurden.

d) Während die Gewaltkriminalität, um ein Prozent zurückging, verminderte sich die Zahl der Diebstähle um 0,3 Prozent, der Sachbeschädigungen um 1,7 Prozent und der Vermögensdelikte, um 2,9 Prozent, wohingegen 78 vorsätzliche Brandstiftungen, mithin 13,4 Prozent mehr als im Vorjahr registriert wurden.

9. In welchem Satz sind alle Kommas richtig gesetzt?

a) Stefan Studt betonte ferner dass die Jugendkriminalität auch gemessen am Anteil Tatverdächtiger unter 21 Jahren von 23,1 auf 22,7 Prozent gesunken sei.

b) Stefan Studt betonte ferner, dass die Jugendkriminalität auch gemessen am Anteil Tatverdächtiger unter 21 Jahren, von 23,1 auf 22,7 Prozent gesunken sei.

c) Stefan Studt betonte, ferner dass die Jugendkriminalität, auch gemessen am Anteil Tatverdächtiger unter 21 Jahren, von 23,1 auf 22,7 Prozent gesunken sei.

d) Stefan Studt betonte ferner, dass die Jugendkriminalität, auch gemessen am Anteil Tatverdächtiger unter 21 Jahren, von 23,1 auf 22,7 Prozent gesunken sei.

10. In welchem Satz sind alle Kommas richtig gesetzt?

a) Die diesbezüglichen Landeskonzepte, die insbesondere auf die Prävention von Kriminalität bei jugendlichen Intensivtätern zielten, trügen wohl, so scheine es jedenfalls, zu der positiven Entwicklung bei, meinte der Innenminister.

b) Die diesbezüglichen Landeskonzepte die insbesondere auf die Prävention von Kriminalität bei jugendlichen Intensivtätern zielten, trügen wohl, so scheine es jedenfalls, zu der positiven Entwicklung bei, meinte der Innenminister.

c) Die diesbezüglichen Landeskonzepte, die insbesondere auf die Prävention von Kriminalität bei jugendlichen Intensivtätern zielten trügen wohl so scheine es jedenfalls, zu der positiven Entwicklung bei, meinte der Innenminister.

d) Die diesbezüglichen Landeskonzepte, die insbesondere auf die Prävention von Kriminalität bei jugendlichen Intensivtätern zielten, trügen wohl so scheine es jedenfalls zu der positiven Entwicklung bei, meinte der Innenminister.

## Lösungen: Deutsche Kommasetzung

| 1. a) | 5. d) | 9. d) |
|-------|-------|--------|
| 2. b) | 6. b) | 10. a) |
| 3. d) | 7. a) | |
| 4. a) | 8. c) | |

www.plakos-akademie.de

255

## Satzteile in die richtige Reihenfolge bringen

In dieser Aufgabe geht es darum, die einzelnen Satzteile in die richtige Reihenfolge zu bringen, sodass zum Schluss ein vollständiger und korrekter Satz entsteht. Trage hierzu die Zahlen von 1 bis 5 in die jeweiligen Kästchen ein. Gehe hierbei systematisch vor und beachte den Satzaufbau, welches Prädikat zu welchem Subjekt gehört, wofür ein Relativpronomen steht und worauf sich Adjektive oder Adverbien beziehen.

Zeit: **10 Minuten**

**1.**

A. haben die Aufgabe,

B. oder Ordnung abzuwehren

C. die Ordnungsbehörden und die Polizei

D. Gefahren für die

E. öffentliche Sicherheit

**2.**

A. oder des Bundes

B. anderen Landes

C. Amtshandlungen vornehmen

D. können im Land Berlin

E. Polizeidienstkräfte eines

# Satzteile in die richtige Reihenfolge bringen

**3.**

| |
|---|
| |
| |
| |
| |
| |

**A.** oder des Bundes tätig,

**B.** werden Polizeidienstkräfte

**C.** Befugnisse wie die des Landes Berlin

**D.** haben sie die gleichen

**E.** eines anderen Landes

**4.**

| |
|---|
| |
| |
| |
| |
| |

**A.** Polizei und zuständige Aufsichtsbehörden unterrichten

**B.** Ordnungsbehörden,

**C.** auf dem Gebiet der Gefahrenabwehr

**D.** sich gegenseitig von allen wichtigen Wahrnehmungen

**E.** nachgeordnete Ordnungsbehörden,

**5.**

| |
|---|
| |
| |
| |
| |
| |

**A.** von mehreren möglichen und geeigneten Maßnahmen

**B.** die den Einzelnen und die Allgemeinheit

**C.** haben die Ordnungsbehörden

**D.** und die Polizei diejenige zu treffen,

**E.** voraussichtlich am wenigsten beeinträchtigt

# Satzteile in die richtige Reihenfolge bringen

**6.**

A. eine Gefahr,

B. eine Person

C. diese Person zu richten

D. verursacht

E. so sind die Maßnahmen gegen

**7.**

A. für die Laufbahn des mittleren Polizeivollzugsdienstes

B. für das Einstellungsjahr 2014 bewerben

C. des gehobenen Polizeivollzugsdienstes

D. hier können Sie sich

E. oder für die Laufbahn

**8.**

A. für die Sicherheit der Stadt

B. die Hauptaufgabe

C. und Bürger zu sorgen

D. und ihrer Bürgerinnen

E. der Schutzpolizei ist,

**9.**

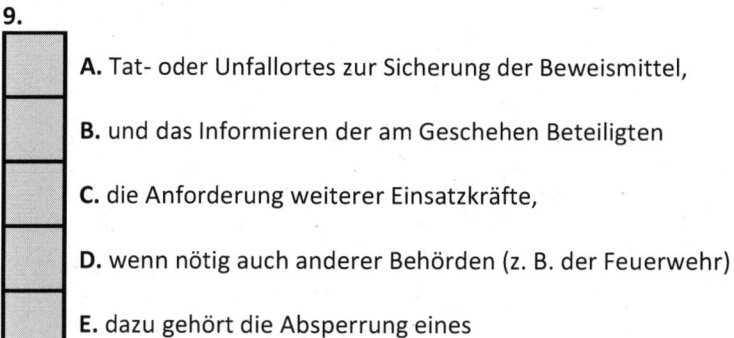

**A.** Tat- oder Unfallortes zur Sicherung der Beweismittel,

**B.** und das Informieren der am Geschehen Beteiligten

**C.** die Anforderung weiterer Einsatzkräfte,

**D.** wenn nötig auch anderer Behörden (z. B. der Feuerwehr)

**E.** dazu gehört die Absperrung eines

**Lösungen**
Zu 1.:

| A.2 | B.5 | C.1 | D.3 | E.4 |
|-----|-----|-----|-----|-----|

Die Ordnungsbehörden und die Polizei haben die Aufgabe, Gefahren für die öffentliche Sicherheit oder Ordnung abzuwehren.

Zu 2.:

| A.3 | B.2 | C.5 | D.4 | E.1 |
|-----|-----|-----|-----|-----|

Polizeidienstkräfte eines anderen Landes oder des Bundes können im Land Berlin Amtshandlungen vornehmen.

Zu 3.:

| A.3 | B.1 | C.5 | D.4 | E.2 |
|-----|-----|-----|-----|-----|

Werden Polizeidienstkräfte eines anderen Landes oder des Bundes tätig, haben sie die gleichen Befugnisse wie die des Landes Berlin.

Zu 4.:

| A.3 | B.1 | C.5 | D.4 | E.2 |
|-----|-----|-----|-----|-----|

Ordnungsbehörden, nachgeordnete Ordnungsbehörden, Polizei und zuständige Aufsichtsbehörden unterrichten sich gegenseitig von allen wichtigen Wahrnehmungen auf dem Gebiet der Gefahrenabwehr.

Zu 5.:

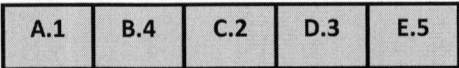

| A.1 | B.4 | C.2 | D.3 | E.5 |

Von mehreren möglichen und geeigneten Maßnahmen haben die Ordnungsbehörden und die Polizei diejenige zu treffen, die den Einzelnen und die Allgemeinheit voraussichtlich am wenigsten beeinträchtigt.

Zu 6.:

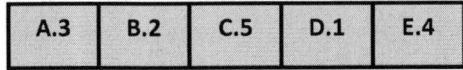

| A.3 | B.2 | C.5 | D.1 | E.4 |

Verursacht eine Person eine Gefahr, so sind die Maßnahmen gegen diese Person zu richten.

Zu 7.:

| A.2 | B.5 | C.4 | D.1 | E.3 |

Hier können Sie sich für die Laufbahn des mittleren Polizeivollzugsdienstes oder für die Laufbahn des gehobenen Polizeivollzugsdienstes für das Einstellungsjahr 2014 bewerben.

Zu 8.:

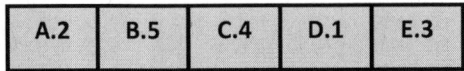

| A.3 | B.1 | C.5 | D.4 | E.2 |

Die Hauptaufgabe der Schutzpolizei ist, für die Sicherheit der Stadt und ihrer Bürgerinnen und Bürger zu sorgen.

Zu 9.:

| A.2 | B.5 | C.3 | D.4 | E.1 |
|-----|-----|-----|-----|-----|

Dazu gehört die Absperrung eines Tat- oder Unfallortes zur Sicherung der Beweismittel, die Anforderung weiterer Einsatzkräfte, wenn nötig auch anderer Behörden (z. B. der Feuerwehr) und das Informieren der am Geschehen Beteiligten.

# Nebensätze

Folgende relevanten Arten von Nebensätzen sollten dir geläufig sein:

### Relativsätze

Relativsätze dienen in der Regel dazu, Eigenschaften einer Person, eines Tieres oder eines Gegenstands anzugeben

*Das Auto, das ich gestern gekauft habe, ist heute schon kaputt.*

### Temporalsätze

Temporalsätze sind all jene Nebensätze, die den Hauptsatz in einen zeitlichen Rahmen setzen.

*Als ich noch ein Kind war, spielte ich häufig Fußball.*

### Konditionalsätze

Auch Bedingungssätze genannt. Sie geben eine Bedingung an, unter der der Inhalt des Hauptsatzes geschieht oder nicht geschieht.

*Falls du den Film noch nicht gesehen hast, können wir den zusammen gucken.*

### Kausalsätze

Kausalsätze liefern eine Begründung für den Inhalt des Hauptsatzes.

*Ich bin mit dem Auto gefahren, weil es geregnet hat.*

### Konzessivsätze

Der Inhalt des Nebensatzes widerspricht dem Inhalt des Hauptsatzes oder widerruft die durch den Hauptsatz hervorgerufene Erwartungshaltung.

*Ich gehe heute zur Schule, obwohl ich krank bin.*

### Konsekutivsätze

Der Nebensatz stellt hier die Folge des Hauptsatzes dar.

*Er hat so viel gelernt, dass er den Test bestanden hat.*

### Finalsätze

Finalsätze drücken die Absicht aus, die den Inhalt des Hauptsatzes begründet.

*Ich treibe viel Sport, um mich gesünder zu fühlen.*

**Modalsätze**

Modalsätze definieren die Art und Weise, wie etwas geschieht.

*Er kam noch rechtzeitig an, indem er zum Bus gesprintet ist.*

**Lokalsätze**

Lokalsätze, auch Ortssätze sind Nebensätze, die eine Ortsbestimmung ausdrücken.

*Kennst du das Land, wo die Zitronen blühen?*

Überprüfe die folgenden Sätze daraufhin, ob ein Nebensatz vorliegt und wenn ja, um welche Art von Nebensatz es sich handelt: Relativsatz, Temporalsatz, Konditionalsatz, Kausalsatz, Konzessivsatz, Konsekutiv-satz, Finalsatz, Modalsatz, Lokalsatz oder kein Nebensatz

Zeit: **5 Minuten**

1. Der Lehrer spricht sehr schnell, sodass man ihn schlecht verstehen kann.

2. Die Spuren stammen von Tieren, die sich erstmals in der Erdgeschichte auf Beinen fortbewegten.

3. Zu seinen Hobbies zählen Sport, Fahrradfahren und Lesen.

4. Man braucht Geld, um sich etwas kaufen zu können.

5. Besonders kritisch war es, als wir wieder losfuhren und in Richtung Spanien navigierten.

**Lösungen**

Zu 1.: Konsekutivsatz

Zu 2.: Relativsatz

Zu 3.: kein Nebensatz

Zu 4.: Finalsatz

Zu 5.: Temporalsatz

# Rechtschreibfehler

Die folgenden Wörter enthalten je einen oder mehrere Fehler. Schreibe die Wörter in der korrekten Schreibweise auf ein extra Blatt Papier.

Zeit: **5 Minuten**

1. Parrtere
2. representativ
3. häußlich
4. Vorwandt
5. pennibel
6. Chemiekalie
7. apropo
8. Kathastrophe
9. Kolektiv
10. symphatisch
11. Karrussell
12. spatzieren
13. Rabarber
14. skurill
15. Aparat
16. krakehlen
17. Billiard
18. Kuß
19. nähmlich

20. Kuveer
21. Tymian
22. wiederkeuen
23. Trielogie
24. übrigends
25. vorrausichtlich
26. Verwandschaft
27. paralell
28. Mozarrella
29. Kenntniss
30. Schlammassel
31. narzistisch
32. adequat
33. Bagattele
34. akredietieren
35. Kabarret
36. Gallionsfigur
37. Kreissaal
38. kollosal

## Lösungen: Rechtschreibfehler

| | | |
|---|---|---|
| 1. Parterre | 14. skurril | 27. parallel |
| 2. repräsentativ | 15. Apparat | 28. Mozzarella |
| 3. häuslich | 16. krakeelen | 29. Kenntnis |
| 4. Vorwand | 17. Billard | 30. Schlamassel |
| 5. penibel | 18. Kuss | 31. narzisstisch |
| 6. Chemikalie | 19. nämlich | 32. adäquat |
| 7. apropos | 20. Kuvert | 33. Bagatelle |
| 8. Katastrophe | 21. Thymian | 34. akkreditieren |
| 9. Kollektiv | 22. wiederkäuen | 35. Kabarett |
| 10. sympathisch | 23. Trilogie | 36. Galionsfigur |
| 11. Karussell | 24. übrigens | 37. Kreißsaal |
| 12. spazieren | 25. voraussichtlich | 38. kolossal |
| 13. Rhabarber | 26. Verwandtschaft | |

## Infinitive bilden

Bilde von den folgenden 20 konjugierten Verben jeweils den Infinitiv Präsens (Grundform). Schreibe die korrekten Infinitive auf ein extra Blatt Papier.

Zeit: **3 Minuten**

1. sieht

2. trifft

3. lässt

4. darf

5. erklärt

6. brach

7. geschieht

8. nimmst

9. mag

10. befiehlt

11. gabst

12. fingen

13. rieten

14. hielt

15. gerät

16. trat

17. stieß

18. flöge

19. grübe

20. vorgeworfen

## Lösungen: Infinitive bilden

| | | |
|---|---|---|
| 1. sehen | 8. nehmen | 15. geraten |
| 2. treffen | 9. mögen | 16. treten |
| 3. lassen | 10. befehlen | 17. stoßen |
| 4. dürfen | 11. geben | 18. fliegen |
| 5. erklären | 12. fangen | 19. graben |
| 6. brechen | 13. raten | 20. vorwerfen |
| 7. geschehen | 14. halten | |

# Fremdwörter zuordnen

Das Beherrschen von Fremdwörtern ist vor allem im Einzelinterview und in der Gruppendiskussion sehr wichtig. Ist dir ein Fremdwort jedoch nicht geläufig, ist es sicherlich ratsam, nachzufragen, als durch eine falsche Deutung ein Missverständnis zu riskieren.

Markiere bei der folgenden Aufgabe die jeweils richtige Bedeutung des Fremdworts.

Zeit: **5 Minuten**

1. sich echauffieren
a) zusammenarbeiten
b) erstaunt sein
c) arrogant sein
d) sich erregen

2. Dementi
a) Erstellung eines Gesetzes
b) Widerruf einer Behauptung
c) Rücktritt
d) Grenzberichtigung

3. Kasserolle
a) Schmorgefäß
b) einfacher Visierhelm
c) kleines Rhythmusinstrument
d) militärische Befestigungsanlage

4. diametral
a) teuflisch
b) völlig entgegengesetzt
c) zuckerkrank
d) schräg verlaufend

5. Altruismus
a) Eigenliebe
b) Möglichkeit
c) Stolz
d) Selbstlosigkeit

6. opportun
a) unterdrückend
b) prinzipienlos
c) passend, angebracht
d) nicht zweckmäßig

7. Dissens
a) Abschreckung
b) Ausbreitung einer Seuche
c) Meinungsverschiedenheit
d) Missklang

8. Ovation
a) Beifall
b) Eröffnung
c) ovale Form
d) Übertreibung

9. prekär
a) gekünstelt

# Fremdwörter zuordnen

b) vorhersehbar
c) vorzeitig
d) schwierig, misslich

10. Suggestion
a) Umsturz
b) Beeinflussung
c) Befragung
d) Leid

11. rigide
a) streng
b) lächerlich
c) schnell
d) zögernd

12. kolportieren
a) körperlich verfallen
b) zeugen
c) Gerüchte verbreiten
d) zusammenarbeiten

13. Eloquenz
a) Aufmerksamkeit
b) Lobrede
c) Entrüstung
d) Redegewandtheit

14. reüssieren
a) zusammenfassen
b) entscheiden
c) sich versammeln
d) Erfolg haben

15. prätentiös
a) vorherrschend

b) anmaßend
c) verlässlich
d) genau

16. Konzession
a) Zusammenfassung
b) Dichtigkeit
c) Zugeständnis
d) Glaubensgemeinschaft

17. Resolution
a) Widerruf
b) Beschluss
c) Auflösung
d) Wiederaufnahme

18. parieren
a) befehlen
b) verteilen
c) plaudern
d) ohne Widerspruch gehorchen

19. ambitioniert
a) zwiespältig
b) aufopfernd
c) ehrgeizig
d) förmlich

20. rekapitulieren
a) zusammenfassen, wiederholen
b) zurückfordern
c) nachbilden
d) aufgeben

## Lösungen: Fremdwörter zuordnen

| | | |
|---|---|---|
| 1. d) | 8. a) | 15. b) |
| 2. b) | 9. d) | 16. c) |
| 3. a) | 10. b) | 17. b) |
| 4. b) | 11. a) | 18. d) |
| 5. d) | 12. c) | 19. c) |
| 6. c) | 13. d) | 20. a) |
| 7. c) | 14. d) | |

## Synonyme

Finde zu einem vorgegebenen Wort ein zweites aus einer Auswahl von vier vorgegebenen Wörtern, das die gleiche oder eine sehr ähnliche Bedeutung hat. Zeit: **5 Minuten**

1. bescheiden
a) natürlich
b) anspruchsvoll
c) genügsam
d) unaufhaltsam

2. gutmütig
a) furchtlos
b) lieb
c) realitätsfern
d) gehässig

3. verderben
a) verkommen
b) gedeihen
c) verbringen
d) verschwinden

4. langsam
a) rasant
b) unbedacht
c) gemächlich
d) tröpfelnd

5. fest
a) Feierlichkeit
b) hart
c) dick
d) flüssig

6. Vorurteil
a) Aufgeschlossenheit
b) richtend

c) verurteilend
d) Stereotyp

7. Mortalität
a) Sterblichkeit
b) Unwissenheit
c) Ausstattung
d) Muskelbewegungen

8. schlafen
a) liegen
b) träumen
c) schlummern
d) abwesend

9. schimpfen
a) verurteilen
b) verdonnern
c) loben
d) tadeln

10. Anweisung
a) Instruktion
b) Durchsage
c) Plan
d) Urteil

11. einsam
a) traurig
b) allein
c) selten
d) gemeinsam

12. initiieren
a) etwas nachahmen
b) etwas anstoßen
c) etwas anmachen
d) etwas verfolgen

13. Spur
a) Intuition
b) Trick
c) Fährte
d) Hinterhalt

14. taumeln
a) tanzen
b) hektisch sein
c) stolpern
d) schwanken

15. Tatsache
a) Fakt
b) Vermutung
c) Gegebenheit
d) Annahme

16. willkürlich
a) herrisch
b) absichtlich
c) beliebig
d) unerlaubt

17. zerstören
a) ruinieren
b) sabotieren
c) durchstreichen
d) aufbauen

18. Zurückhaltung
a) Anstand
b) Willenskraft
c) Bescheidenheit
d) Protest

19. Disput
a) Anordnung
b) Streit
c) Vorschlag
d) Gebet

20. beschaulich
a) vergessen
b) klein
c) freundlich
d) auffallend

21. Lärm
a) Aufregung
b) Durcheinander
c) Stille
d) Krach

22. fleißig
a) tüchtig
b) schnell
c) hartnäckig
d) träge

23. lethargisch
a) todkrank
b) angepasst
c) skandalös
d) träge

24. Attrappe
a) Angriff
b) Gutachten
c) Nachbildung
d) Vorbeugung

25. Effizienz
a) Zahlungsunfähigkeit
b) Redegewandtheit
c) Wirksamkeit
d) Ausdauer

26. dezidiert
a) bestimmt
b) zerkleinert
c) abstoßend
d) minimiert

27. düpieren
a) delegieren
b) täuschen
c) ablösen
d) einweisen

28. Aura
a) Familie
b) Blutbahn
c) Liebe
d) Ausstrahlung

29. Evakuierung
a) Schließung
b) Räumung
c) Umsiedlung
d) Ausreise

30. Dividende
a) Aktie
b) Wert
c) Gewinnanteil
d) Börsenkurs

## Lösungen: Synonyme

| | | |
|---|---|---|
| 1. c) | 11. b) | 21. d) |
| 2. b) | 12. b) | 22. a) |
| 3. a) | 13. c) | 23. d) |
| 4. c) | 14. d) | 24. c) |
| 5. b) | 15. a) | 25. c) |
| 6. d) | 16. c) | 26. a) |
| 7. a) | 17. a) | 27. b) |
| 8. c) | 18. c) | 28. d) |
| 9. d) | 19. b) | 29. b) |
| 10. a) | 20. b) | 30. c) |

Zu 5.: b) Hier ist die Groß- und Kleinschreibung zu beachten. Gesucht ist ein Synonym für das Adjektiv „fest".

## Das unpassende Wort finden

In dieser Aufgabe musst du aus fünf vorgegebenen Wörtern den Begriff herausfinden, der nicht zu den anderen vier passt oder sich unterscheidet. Zeit: **3 Minuten**

**1.**
a) Flughafen
b) Flugzeug
c) Bahnhof
d) Hafen
e) Haltestelle

**2.**
a) Apfel
b) Birne
c) Rhabarber
d) Kürbis
e) Ananas

**3.**
a) Park
b) Straße
c) Allee
d) Platz
e) Weg

**4.**
a) Dreieck
b) Kreis
c) Kugel
d) Rechteck
e) Viereck

**5.**
a) neu
b) groß
c) alt
d) schwer
e) spielen

**6.**
a) Schwarzwald
b) Thüringer Wald
c) Bayerischer Wald
d) Böhmerwald
e) Westerwald

**7.**
a) Kopenhagen
b) Toronto
c) Canberra
d) Brüssel
e) Tallinn

**8.**
a) Löwe
b) Walross
c) Nashorn
d) Erdmännchen
e) Adler

**9.**
a) abtransportieren
b) Schließung
c) Räumung
d) verlegen
e) Evakuierung

Lösungen: Das unpassende Wort finden

Zu 1.: b) Flugzeug
Bei allen anderen Begriffen handelt es sich um feste Standorte

Zu 2.: c) Rhabarber
Bei allen anderen Begriffen handelt es sich um Obstsorten.

Zu 3.: a) Park
Bei allen anderen Begriffen handelt es sich um Straßenbezeichnungen.

Zu 4.: c) Kugel
Bei allen anderen Begriffen handelt es sich um zweidimensionale Flächen.

Zu 5.: e) spielen
Bei allen anderen Begriffen handelt es sich um Adjektive.

Zu 6.: d) Böhmerwald
Bei allen anderen Begriffen handelt es sich um deutsche Wälder.

Zu 7.: b) Toronto
Bei allen anderen Begriffen handelt es sich um Hauptstädte.

Zu 8.: c) Nashorn
Bei allen anderen Begriffen handelt es sich um Raubtiere.

Zu 9.: b) Schließung
Bei allen anderen Begriffen handelt es sich um die gleiche Wortbedeutung.

# Gegenteile

Finde zu einem vorgegebenen Begriff das entsprechende Gegenteil.

Zeit: **4 Minuten**

1. euphorisch
a) sauer
b) traurig
c) mürrisch
d) lustlos

2. oberflächlich
a) tiefgründig
b) ungenau
c) präzise
d) exakt

3. feige
a) waghalsig
b) mutig
c) unerschrocken
d) riskant

4. Lösung
a) Konflikt
b) Streit
c) Problem
d) Auseinandersetzung

5. leichtsinnig
a) besonnen
b) rücksichtsvoll
c) sorgfältig
d) bedacht

6. selten
a) regulär
b) typisch

c) alltäglich
d) häufig

7. fleißig
a) faul
b) träge
c) lustlos
d) demotiviert

8. Wahrheit
a) Illusion
b) Lüge
c) Ausrede
d) Betrug

9. Demut
a) Missmut
b) Ehre
c) Überheblichkeit
d) Stolz

10. radikal
a) ruhig
b) tolerant
c) moderat
d) gelassen

11. kaufen
a) schenken
b) feilschen
c) leihen
d) stehlen

12. nachlässig
a) gewissenhaft
b) genau
c) bedacht
d) folgsam

13. pragmatisch
a) kreativ
b) idealistisch
c) träumerisch
d) egoistisch

14. gierig
a) zurückhaltend
b) gelassen
c) bescheiden
d) schüchtern

15. Misstrauen
a) Zuversicht
b) Vertrauen
c) Glaube
d) Verständnis

16. Mitleid
a) Gleichgültigkeit
b) Verständnis
c) Verachtung
d) Bedeutungslosigkeit

17. ungenügend
a) maßgeblich
b) erwartungsvoll
c) ausreichend
d) zufriedenstellend

18. ernst
a) glücklich
b) erfreut
c) unseriös
d) vergnügt

19. Gegner
a) Freund
b) Gefährte
c) Gleichgesinnter
d) Befürworter

20. Mangel
a) Wohlstand
b) Überschuss
c) ausreichend
d) Sicherheit

21. wachsen
a) schrumpfen
b) gedeihen
c) steigern
d) abbauen

22. strecken
a) schieben
b) ziehen
c) beugen
d) binden

23. flüstern
a) antworten
b) weinen
c) bitten
d) schreien

## Lösungen

| | | |
|---|---|---|
| 1. d) | 9. c) | 17. c) |
| 2. a) | 10. c) | 18. d) |
| 3. b) | 11. d) | 19. d) |
| 4. c) | 12. a) | 20. b) |
| 5. a) | 13. b) | 21. a) |
| 6. d) | 14. c) | 22. c) |
| 7. a) | 15. b) | 23. d) |
| 8. b) | 16. a) | |

## Sprichwörter ergänzen

Setze für die jeweiligen Sprichwörter das passende Wort ein.

**Zeit: 10 Minuten**

1. Jedes Wort auf die
_____ legen.
a) Lappen
b) Bahre
c) Goldwaage
d) Münze

2. Morgenstund hat
_____ im Mund.
a) Silber
b) Gold
c) Brei
d) Kaffee

3. Seine _____ davon-
schwimmen sehen.
a) Pantoffeln
b) Wäsche
c) Felle
d) Güter

4. Es ist Jacke wie _____
a) Hemd.
b) Schuhe.
c) Mantel.
d) Hose.

5. Die Kuh vom _____ holen.
a) Eis
b) Feld
c) Gras

d) Berg

6. Der Fisch stinkt vom __ her.
a) Prinzip
b) Bauch
c) Schwanz
d) Kopf

7. Alles über einen _____
scheren.
a) Rechen
b) Schädel
c) Kamm
d) Kopf

8. Auch ein blindes Huhn findet
mal ein _____.
a) Ei.
b) Küken.
c) Wurm.
d) Korn.

9. Der _____ macht die
Musik.
a) Geiger
b) Ton
c) Chor
d) Sänger

10. Lieber den _____
in der Hand als die Taube auf

dem Dach.
a) Spatz
b) Sperling
c) Vogel
d) Ziegel

11. _____ kommt vor dem Fall.
a) Gleichmut
b) Neid
c) Hochmut
d) Arroganz

12. Steter _____ höhlt den Stein.
a) Erfolg
b) Strom
c) Tropfen
d) Widerstand

13. Die _____ im Sack kaufen.
a) Hühner
b) Katze
c) Äpfel
d) Lorbeeren

14. _____ macht auch Mist.
a) Kleinvieh
b) Gemüse
c) Stroh
d) Viehhaltung

15. Stille _____ sind tief.
a) Ozeane
b) Teiche

c) Bäche
d) Wasser

16. Etwas übers _____ . brechen.
a) Knie
b) Kerbholz
c) Schienbein
d) Feuer

17. Für jemanden die Hand ins _____ legen.
a) Wasser
b) Trockene
c) Feuer
d) Öl

18. Vom Regen in die _____ kommen.
a) Dunkelheit
b) Traufe
c) Scheune
d) Flut

19. Wer im _____ sitzt, soll nicht mit Steinen werfen.
a) Gewächshaus
b) Trockenen
c) Regen
d) Glashaus

20. Sich mit fremden _____ schmücken.
a) Lorbeeren
b) Kleidern

c) Federn
d) Kränzen

21. Sein Licht unter den
_____ stellen.
a) Schatten
b) Schirm
c) Scheffel
d) Baum

22. Sich auf den _____
getreten fühlen.
a) Fuß
b) Schlips
c) Schuh
d) Zeh

23. Die Nadel im _____
suchen.
a) Heuhaufen
b) Stroh
c) Gras
d) Gestrüpp

24. Die _____ im Dorf
lassen.
a) Familie
b) Bäckerei
c) Eiche
d) Kirche

25. Den Wald vor lauter
_____ nicht sehen.
a) Tannen
b) Wild
c) Bäumen
d) Leuten

26. Mit jemandem ist nicht gut
_____ essen.
a) Kuchen
b) Kirschen
c) Äpfel
d) Erdbeeren

27. Mit _____ auf
Spatzen schießen.
a) Schrot
b) Kanonen
c) Luftgewehren
d) Pistolen

## Lösungen: Sprichwörter ergänzen

| | | |
|---|---|---|
| 1. c) | 10. a) | 19. d) |
| 2. b) | 11. c) | 20. c) |
| 3. c) | 12. c) | 21. c) |
| 4. d) | 13. b) | 22. b) |
| 5. a) | 14. a) | 23. a) |
| 6. d) | 15. d) | 24. d) |
| 7. c) | 16. a) | 25. c) |
| 8. d) | 17. c) | 26. b) |
| 9. b) | 18. b) | 27. b) |

## Kreative Sätze bilden

In dieser Aufgabe musst du aus drei vorgegebenen Wörtern einen kreativen Satz bilden. Hier wird dein gedanklicher und sprachlicher Einfallsreichtum getestet. Jedes Wort darf nur einmal im Satz vorkommen, die Reihenfolge spielt dabei keine Rolle.

Beispiel: **Frisbee – Australien – Hausfrau**

Musterantworten:
In Australien verbringen die Hausfrauen viel Zeit mit dem Frisbee spielen.
Die Frisbee wurde von Hausfrauen in Australien erfunden.
In Australien wird jährlich die schönste Hausfrau gewählt, die Siegerin erhält eine goldene Frisbee.

Zeit: **10 Minuten**

1. **Polizei – Fahrrad – Dieb**

_____

2. **Kühlschrank – Bett – Apotheke**

_____

3. **Kinder – Schokolade – Schule**

_____

4. **Zimmer – Schuhe – Buch**

_____

5. **Hausaufgaben – Bowling – Auto**

_____

6. **Kaufhalle – LKW – Ampel**

_____

7. **Glück – Geld – Großeltern**

_____

8. **Stau – Geburtstag – Freund**

_____

9. **Regen – Internet – Telefon**

_____

10. **Kaffee – Hose – Tasse**

_____

Musterantworten

## Zu 1.: **Polizei – Fahrrad – Dieb**

Ein Dieb hatte mein Fahrrad gestohlen, ich rief sofort die Polizei an.

Mit dem Fahrrad verfolgte die Polizei einen Dieb, der auf der Flucht war.

Ein Dieb der Schmuck in Millionenhöhe raubte, flüchtete mit einem Fahrrad vor der Polizei.

## Zu 2.: **Kühlschrank – Bett – Apotheke**

Bevor ich ins Möbelhaus fuhr, um ein neues Bett und einen größeren Kühlschrank zu kaufen, ging ich noch schnell in die Apotheke, um Lutschbonbons zu holen.

Meine Medikamente von der Apotheke bewahre ich jetzt immer im Kühlschrank auf, früher lagen sie immer neben meinem Bett auf dem Nachttisch.

Mein Kühlschrank steht neben mein Bett und von dort aus kann man direkt die Apotheke auf der gegenüberliegenden Straßenseite sehen.

## Zu 3.: **Kinder – Schokolade – Schule**

Schokolade ist für Kinder in der Schule verboten.

Kinder wollen nach der Schule am liebsten gleich Schokolade essen.

In der Schule lernen die Kinder wie man Schokolade selbst herstellt.

## Zu 4.: **Zimmer – Schuhe – Buch**

Das Buch über schöne Schuhe liegt in meinem Zimmer auf den Schreibtisch.

Da ich kein einziges Buch besitze, kann ich all meine Schuhe im Zimmer aufbewahren.

Das Buch für Mathe und meine Schuhe für die Sporthalle habe ich in meinem Zimmer liegen gelassen.

## Zu 5.: **Hausaufgaben – Bowling – Auto**

Als ich mit den Hausaufgaben fertig war, fuhren wir mit dem Auto zum Bowling.

Beim Bowling fiel mir ein das ich noch Hausaufgaben über das Thema Auto schreiben muss.

Auf den Weg zum Bowling hatte ich meine Hausaufgaben noch schnell im Auto erledigt.

### Zu 6.: **Kaufhalle – LKW – Ampel**

Auf den Weg zur Kaufhalle versperrte mir ein LKW die Sicht auf eine Ampel.

Ein LKW überfuhr mit überhöhter Geschwindigkeit eine rote Ampel und krachte ungebremst in eine Kaufhalle.

Genau vor der Ampel, die für den Fußgängerüberweg der Kaufhalle da ist, parkte ein LKW.

### Zu 7.: **Glück – Geld – Großeltern**

Zum Glück habe ich großzügige Großeltern, die mir immer viel Geld zu Ostern schenken.

Glück ist, wenn man noch Großeltern hat und viel Geld besitzt.

Meine Großeltern sagen immer, Geld ist zum Glück nicht alles.

### Zu 8.: **Stau – Geburtstag – Freund**

Ausgerechnet zum Geburtstag von Martin stand ich mit meinem Freund im Stau.

Zum dreißigsten Geburtstag stand Sandra mit ihrem Freund im Stau.

Der Geburtstag fand ohne meinen Freund statt, weil er auf der Autobahn im Stau stand.

### Zu 9.: **Regen – Internet – Telefon**

Der Regen war so stark, dass sogar das Internet und das Telefon ausfielen.

Da es den ganzen Tag Regen gab, surfte ich aus Langeweile im Internet und kaufte gleich ein neues Telefon.

Im Internet erkundigte ich mich nach dem Wetter, ob es heute noch Regen geben soll, dabei klingelte ständig das Telefon.

### Zu 10.: **Kaffee – Hose – Tasse**

Die ganze Tasse mit dem heißen Kaffee fiel mir auf die Hose.

Bevor ich auf die Suche nach einer neuen Hose gehe, brauch ich erstmal eine Tasse Kaffee.

Im Internet kann man von der Hose bis zur Tasse alles kaufen, sogar Kaffee bekommt man online.

# Englisch-Vokabeln

Übersetze die Vokabeln sowohl ins Englische als auch ins Deutsche.

**Zeit: 3 Minuten**

1. fear
a) fangen
b) fallen
c) Angst
d) Nähe

2. Tür
a) door
b) blank
c) gap
d) hole

3. patient
a) müde
b) geduldig
c) tolerant
d) beharrlich

4. impression
a) Täuschung
b) Anreiz
c) Eindruck
d) Ausdruck

5. Schuhe
a) boot
b) traipse
c) shoo
d) shoes

6. Fahrer
a) driver
b) priest
c) leader
d) handlebars

7. Fahrzeug
a) car
b) engine
c) device
d) vehicle

8. Mauer
a) blanket
b) block
c) well
d) wall

9. Werkzeug
a) steel
b) mean
c) tool
d) screwdriver

10. tomorrow
a) gerade
b) heute
c) gestern
d) morgen

11. Gefängnis
a) institute
b) prison
c) kitchen
d) detention

12. direction
a) Entwicklung
b) Ausweg
c) Richtung
d) Perspektive

13. turn off
a) rausziehen
b) ausschalten
c) beseitigen
d) stilllegen

14. knife
a) Schere
b) Gabel
c) Messer
d) schneiden

15. Boden
a) place
b) country
c) shore
d) ground

16. handcuffs
a) Handschellen
b) Handgeld
c) Handschuhe
d) Handgelenk

17. Zug
a) train
b) tug
c) draft
d) drag

18. böse
a) berserk
b) rabid
c) nasty
d) penance

19. to visit
a) warten
b) kommen
c) besuchen
d) beschaffen

20. Gift
a) poison
b) topic
c) means
d) evil

21. investigation
a) Investition
b) Maßnahme
c) Untersuchung
d) Unterlagen

22. luggage
a) Gepäck
b) Besitz
c) Sprache
d) Koffer

23. thief
a) Einbrecher
b) Räuber
c) Dieb
d) Ermittler

24. shut
a) Schuss
b) geschlossen
c) durchdacht
d) erschossen

25. fair
a) gerecht
b) hart
c) fahren
d) ehrlich

26. Brücke
a) bridge
b) floor
c) gangway
d) connection

27. assumption
a) Vermutung
b) Panik
c) Empfinden
d) Glaube

28. höflich
a) helpful
b) nice
c) pretty
d) polite

29. Strafe
a) sentence
b) crime
c) punishment
d) felony

30. drinnen
a) chamber
b) scope
c) inside
d) during

## Lösungen: Englisch-Vokabeln

| | | |
|---|---|---|
| 1. c) | 11. b) | 21. c) |
| 2. a) | 12. c) | 22. a) |
| 3. b) | 13. b) | 23. c) |
| 4. c) | 14. c) | 24. b) |
| 5. d) | 15. d) | 25. a) |
| 6. a) | 16. a) | 26. a) |
| 7. d) | 17. a) | 27. a) |
| 8. d) | 18. c) | 28. d) |
| 9. c) | 19. c) | 29. c) |
| 10. d) | 20. a) | 30. c) |

## Englischer Lückentext

1. Jonas and his friend Marcus want to ___ on a three-day boys trip to Munich.
a) went
b) gone
c) go
d) going

2. Before leaving, they have to make plans on what to ___ in Munich.
a) doesn't
b) does
c) do
d) done

3. Marcus ___ that he really wants to visit the famous Marienplatz.
a) decides
b) decide
c) decided
d) have decided

4. Jonas ___ going to the 'Englischer Garten' because he really enjoys nature.
a) suggest
b) suggests
c) suggesting
d) has suggested

5. With the Oktoberfest in full swing, Jonas and Marcus ___ on whether to go there or not.
a) contemplate
b) are contemplating
c) contemplated
d) contemplating

6. Some of their friends have already been there and they really ___ it.
a) like
b) likes
c) liking
d) liked

7. However, Marcus and Jonas are not sure because they are both not so much into folk festivals. "Why don't we ___ whether we want to go to the Oktoberfest or not spontaneously?" asks Marcus.
a) decided
b) decide
c) decides
d) deciding

8. "Good idea!" - ___ Jonas. Now they are both ready to enjoy their trip to Munich!
a) say
b) said
c) saying
d) says

9. The Munich Oktoberfest originally _____ in the 16-day period leading up to the first Sunday in October.
a) take place
b) taken place
c) has taken place
d) took place

10. The Oktoberfest ____ as the largest Volksfest (people's fair) in the world.
a) know
b) has known
c) is known
d) is knowing

## Lösungen: Englischer Lückentext

| 1. c) | 5. b) | 9. d) |
|-------|-------|--------|
| 2. c) | 6. d) | 10. c) |
| 3. a) | 7. b) | |
| 4. b) | 8. d) | |

# Englische Sätze verbinden

In den nachfolgenden Aufgaben sollen die Satzanfänge mit den logisch richtigen Satzenden verbunden werden.

1. Today, Amy went to the doctor's office because ...
a) it was very late and her favorite TV show was on.
b) her brother locked her into the kitchen.
c) she wasn't feeling very well and wanted to get some medicine.
d) Leo took out the trash.

2. James bought a new car ....
a) at his local grocery store.
b) at the farm.
c) at his friend's car dealership.
d) at the zoo.

3. Yesterday, Lydia went to the cinema ...
a) to watch a movie with her friend Leanne.
b) to buy a dress for prom.
c) because she really needed a massage.
d) to take a cooking class.

4. Maria and Jordan are getting married ...
a) in outer space.
b) at a beautiful chapel in the New England countryside.
c) in the kitchen.
d) at the supermarket.

5. At the presidential election in November ...
a) Mickey Mouse is going to be president.
b) Mariah Carey lost 5 kg.
c) I want to have a donut.
d) he would have to draw many non-aligned voters.

6. The policemen ...
a) is going to explode.
b) are talking to the suspects.
c) painting their nails with pink nail polish.
d) has to stop.

7. Janice wants to become a police officer ...
a) because she likes helping people.
b) when she was a baby.
c) at her neighbor's house.
d) because it is Saturday.

8. Marc works as a mechanic ...
a) in order to feed all the animals.
b) because he likes to swim.
c) because he has loved working on cars ever since he was a little boy.
d) just to eat ice cream.

9. The local soup kitchen ...
a) provides free food for the homeless.
b) has to wash the car.
c) wants to eat a sandwich.
d) can leave early today.

10. Tomorrow, Sina has a dance performance ...
a) because she is tired.
b) while she is sleeping.
c) on the moon.
d) and she is very nervous because her friends will watch her.

11. Nina and Jack are playing hide and seek ...
a) to clean out the basement.
b) but they can't seem to find each other.
c) in class.
d) because Nina is ill.

12. In the town hall ...
a) couples can get married.
b) you can buy groceries.
c) it is raining.
d) dad is hiking.

13. The kettle is whistling ...
a) for donuts.
b) in the ground.
c) because Jason fell and hit his knee.
d) because the water is boiling.

14. Mia doesn't like mathematics ...
a) because she is tall.
b) in order to sit down.
c) because most of the time she doesn't understand the exercises.
d) after going to the doctor's office.

15. Jamie loves cooking Italian ...
a) to the cinema.
b) because he loves Pizza and Pasta.
c) in the shower.
d) while driving to work.

16. Michael works as a lawyer ...
a) at the local court.
b) for rainy days.
c) because he likes swimming.
d) after work.

17. Gingerbread cookies ...
a) are a popular treat in the summer.
b) speak Chinese.
c) are a popular treat around Christmas.
d) can dance hip-hop.

18. Lisa is eighteen years old, ..
a) after work.
b) forever.
c) a lot since she was little.
d) which makes her an adult.

## Lösungen

| | | |
|---|---|---|
| 1. c) | 8. c) | 15. b) |
| 2. c) | 9. a) | 16. a) |
| 3. a) | 10. d) | 17. c) |
| 4. b) | 11. b) | 18. d) |
| 5. d) | 12. a) | 19. b) |
| 6. b) | 13. d) | |
| 7. a) | 14. c) | |

# Bonus: Informative Online-Inhalte und Communities

### Hunderte kostenlose Online-Tests
www.plakos.de

### Online-Trainings und weitere Informationen
www.plakos-akademie.de

Polizei
www.eignungsauswahlverfahren.de

Offizielle Website der Polizei Hessen
www.polizei.hessen.de

### Facebook-Gruppe
Polizei-Einstellungstest
www.facebook.com/groups/polizeieinstellungstest